はしがき

インフォームド・コンセントという言葉をご存知だろうか。病院で使われ始めて久しい。一般社会にも浸透させようとしているようだが、まだ解らぬ人が殆どと思える。電子辞書には解諾《げだく》とかICの訳が出ている。本来ならば解諾の訳がインフォームド・コンセントとかICになるべきである。解諾という言葉も馴染みがないが、必要に応じて作られたものと思う。日本語ができたからにはそれを優先すべきではないのか。私はこのインフォームド・コンセントという言葉をいつも思い出せない。内容が分かっていれば、解諾という言葉はすぐに思い出せる。これが日本語の強い言葉力である。カタカナ語の氾濫は以前から問題になり、新聞でもしばしば取り上げられてきた。その新聞がカタカナ語を平気で用いて、その下にかっこで日本語の訳をつけている。テレビとかラジオのように子供から高齢者まで意識無く使われているものは当然問題ないのだが、新たに外国語を導入する際にはよほど気をつけないと日本語の本来の力を見失い、日本人の主体性が消えてゆく。敢えてアイデンティティーという言葉を使わなかったが、一般にはもう流布している。時代の変化と共に言葉は変わってゆくのは仕方ない。としても外国語にすり寄って、本来の日本語が消えてゆくこと

日本語の面白さ、に危惧感を覚える。すべての言語が今、そんな状況下にあると思うが、日本人が日本語の面白さ、日本語ならではの言葉遊び、日本語の造語力など、漢字を用いていることのすばらしさを解らねばならない。漢字は言葉をイメージ化して記憶に供与しているから、思い出しやすい。音読み訓読みは、漢字の歴史的背景を知らなくても、いつの間にか身についている。このことは冗談、洒落を生むことになるが、駄洒落と言われても、言わない・言えない頭の回転の鈍さに比べれば、どれほど脳の健康にいいか。外国語に気を遣い、気を配る前に日本語を見直してみよう。

本書は別に外国語を意識して書いたものではない。思いついたことを書いていたら、外国語ではこんな場合に、冗談・洒落が言えるのかと考えてしまったために、日本語の面白さを再確認しただけである。それぞれの言語にそれなりの個性と、力があることは承知の上で、敢えて日本語も、もっと純粋にしたいとひとこと言ってみただけである。

本書の笑いの難度も初級から、中級程度くらいと踏んでますが、まるで面白くないとされれば、私の失敗です。日本語は同音異義語が多く、本書もそれに便乗しましたが、本来の日本語が誤って憶えられると、私の責任は免れません。そこで罪滅ぼしに本来の意味を添えてみました。扱った冗談・洒落については、読者の寛大な判定処理をお願いします。

著者

捩《もじ》り遊び日本語

―テキトウでアイマイな日本語クイズ―

坊さんは金持ち

1 昨今はお金もなかなか貯まらない。だがストレスだけは溜まる。それで憂さを晴らそうとすれば、少ない金がますます減る。ただ偉い坊さんはいつも仏様に向き合っているからストレスは貯まらない。すると自然にお金は貯まる。すると不思議と不動産を所有したがる。偉い坊さんだから可能なことで、できることなら背の高いビルを求める。何故？

小学生は特権階級か？

2 小学生が改札口を通っている。当然だ。でも大人が通ることもできる。どんな改札口だろう？

決断は慎重に

3 月のきれいな夜だった。普段から素行の悪い男が、彼女にプロポーズした。彼女は何も知らずに「うん」と言って返事をした。その夜の月が彼女に「はい」と言わせたようなものだった。その夜の月は彼女にとってどんな月だった？

出発点は皆同じ

4 時代も変わった。今はすべての生徒にタブレットが配られる。世間ではこんなことは常識となった。こうしたことを人々は何と言っているか？

ありきたり？

5 涙を流して鳥は泣くか、魚は泣くかという話で、カモ類の白鳥とサメ類のフカが取り上げられた。専門家が答えた。「白鳥もサメも泣きます。これはごく普通のことです。」何故普通のことなんだろう。

さくらはどこまで進むのか？

6 あるバレーボールのチームにさくらという強い選手が居た。初戦から勝ち進んでいいところまできた。彼女のファンたちは勝つたびに喜んだ。何と言って喜んだか？

---

1 高僧ビル

（高層ビル）いく層も高く重なっていること。また階を重ねた高い建物。

2 児童改札

（自動改札）磁気やＩＣによって情報を書き込んだ切符や定期券を用いて、その情報を読み取る装置を使って自動的に改札業務を行う方法。

多すぎて困ることはない

7 洗い物がたくさんあって、どれから洗い始めていいかわからないときがある。そういう時はまず何でもいいから洗い始める。そういう洗濯のやり方を何という？

皆で歌う

8 国には国歌、学校には校歌、教会には讃美歌がある。どの組織にも自覚を高める意味で歌がある。会社にも社歌というのがあって、例えば身近な建築会社の社歌といえばどんな歌？

3　うんの月

（運の尽き）命運が尽きて最後の時が来たこと。

4　機械均等

（機会均等）権利・待遇を平等に与えること。「教育における機会均等」

最初から期待しない方がいいのかも……

9 古本屋に行くと、たまにカバーの取れかかっているもの、或いは完全になくなっているものがある。しかし内容がしっかりしていれば構わないので期待して目を通すと大したことはない。こんな本はどう思う?

犬が英語を理解する?

10 あら　かわいいワンコちゃん、How old are you ?

――ワンッ　!!!

私のワンコは二才なの。And you ?

――ワン、ワンッ　!!!

貴方ののワンコちゃんは3才だったわね。How old are you ?

5　カモ泣く、フカも泣く

(可もなく不可もなく……) 特によくもなく、また、悪くもない。普通である。

6　さくら善戦

(桜前線) 日本国内各地の桜、特にソメイヨシノの開花日をつないだ線。

その気になる

11 ひとつ記事についても、新聞によって報道内容にずれがある。どの新聞を見てもそうかなと妙に納得することはないか。そんな時はどんな時？

魚もいろいろ

12 遠い南の海で泳いでいる魚は、日焼けしているという。そんな話聞いたことがないが、魚市場に行ってみると確かに居た。何？

---

7 自由洗濯。

（自由選択）多くのものの中から、よいもの、目的にかなうものなどを自由に選ぶこと。

8 大工

（第九）ベートーベン作曲の交響曲第９番ニ短調の通称。1824年完成。

魚の気持ち

⑬ 和金はフナに似た金魚である。一匹だけでは淋しいだろうと、川をイメージした飼い主が、そこにザリガニの子供を入れたのだが、何せ子供とはいえ、鋏をもったカニと魚。和金にはストレスがたまった。和金にとってはこのザリガニが何であったのか？

世の中解らないことだらけ

⑭ 何の役に立つかわからないが、ひたすら勉学に励む。疑う心はあるものの、一生懸命丸憶えをして、試験に備える時の心の状態はどう表現できるか？。

---

9 表紙抜け

（拍子抜け）張り合いがなくなること。

10 ウーウー……

（調子に乗るな。折角だから英語を話せぬ犬も居るということでご勘弁）

兵士

15 急に招集がかかった。援軍が慌てて現場に向かった。その時、一人の兵士が拳銃を装備し忘れたことに気が付いて、仲間に貸してくれと頼んだ。仲間は予備がないといって断った。この兵士、うっかりものには違いないが、どんな人？

飽食の世の中は

16 何でもいいからたくさん食べて、味がわからない人がいる。そんな人の普段の生活はどんな風だと想像できるか？

11　紙面そっか。

（四面楚歌）周りがみんな敵で、味方が一人もいないこと

12　真っ黒

（まぐろ）スズキ目サバ科マグロ属の海水魚の総称。

人は顔じゃないよ、心だよ

17 鬼のような怖い顔をした人でも、道理をきちんとわきまえ、人情が厚く、いざ困った人がいると自分の食を削っても施す義理堅い人がいる。何を分け与えるのだろうか？

人は自分が解ってる？

18 大きく揺れ動く自分自身を落ち着かせる方法を考えねばならない。普段からこうした時の心の準備はできているだろうか。それって何？

---

13 金魚迷惑

（近所迷惑）近所の人にとって迷惑であるさま。またそのような行為。

14 疑心暗記

（疑心暗鬼）疑う心をもつと、何でもないことまで不安でおそろしくなること

つうと言えばかあと言う

19 運動会の前日、母親があ……と言い出したら、子供がすかさず運動会と言ってすぐに反応した。この「つうかあ」の会話は何という？

心の病は木で治す

20 葉の青々と茂った木に悩み事を打ち明けると、心がすっと解放される。解放される前の状態を何という？

---

15 無鉄砲

（無鉄砲）是非や結果を考えずにむやみに行動すること。また、そのさまや、そのような人

16 メッチャ食っちゃ。

（滅茶苦茶）「くちゃ」は語調を整えるために添えた語。「苦茶」は当て字。

酒飲みに乾杯

21 酒の強い、だが少々酒癖の悪い師匠の弟子の中に、酒の全く飲めない男が居た。飲み会に付き合ううちにだんだん強くなり、もう後戻りはできなくなった。しかも酒癖がかなり悪くなった。上戸は下戸より始まり、下戸に戻れず。上戸は何と誇らしい？とは周囲の評。上戸になった暁《あかつき》は何と言われたか？

あの人、誰？

22 あの金魚色の目立つ服を着ている人があなたのことを気にしているようだけど、知り合い？

---

17 鬼義理

（御握り）握り飯を丁寧にいう語。もと女性語。

18 自身対策

（地震対策）地震に対応するための方法・手段。

普通以上ということ。

23 才能、財力などすべて自分が勝っていると思っている人なのだが、地震や火山活動などで大地が揺れると異常なほど恐れ、いざという時には自分は死んでしまうのではないだろうかと誰よりも恐怖心を持っている彼の性格は何という？

草の芽？

24 軒先に何かの芽が出た。見慣れない奇妙な形で、でも見様によっては何か植物の芽であった。しょうがないので図鑑で調べた。結局何だった？

---

19 あー運の呼吸。

（阿吽《あうん》の呼吸）二人以上で一つのことをしようとする時に、お互いの心の動きがぴったり合うこと

20 青い木と息

（青息吐息）非常に困っているときに出る息。またそのようす

個性の消失

25 刑務所生活を終えて出てくると、すっかり人柄が変わっていい人になる。その人に何が起こったのだろう?

忍耐力では負けない?

26 悪がき達が体力自慢をした。走ることは誰にも負けない……と。強がりだろうが、ある時、一万里マラソンと銘打った少年マラソン大会が行われた。それに参加した不良少年たちは、一万里の十分の一を走ったところで脱落してしまった。このことはすぐに噂となって広まった。どういう噂か?

---

21 酒乱の誉れ。

（出藍《しゅつらん》の誉れ）弟子がその先生よりも優れているという名誉や評判

22 赤の他人です。

（赤の他人）自分とまったく関係のない人

幸せは身近にある

27 早朝ランニングで、ある寺の門の前を通ったら、そこにお金が落ちていた。その人は何を感じただろうか？

緊張の極み

28 パイロットというのは、飛行中はいつも緊張しているという。別にパイロットに限ったわけでもなく、乗客、乗務員も同じだ。何故そんな気持ちになるのだろうか？

---

23 地震過剰

（自信過剰）自分で自分の能力や価値などを程度以上に信じること。

24 妙芽。

（茗荷）ショウガ科の多年草

容疑者は飛行機に乗るな。

29 飛行機で逃げた泥棒が、空港で御用になった。警察は何故分かったのか。

買い物は予算内で。

30 予定していた金額以上に高い靴下を買ったのだけれど、穿《は》いたらすぐに破けてしまった。仕方がない。買ったその時の自分を思い起こせばどうだった？

25 悪が抜ける

（灰汁（あく）が抜ける）人の趣味・性格・容姿などに、いやみやあくどさがなくなる。すっきりして上品な感じになる

26 悪児千里を走る

（悪事千里を走る）悪いおこないや悪いうわさは、すぐに広まる

無理強いはいけない

31 とにかく美味しい豚カツだからと言って、脅すくらい無理に食べさせようする行為は、何？

揚げ物は万能

32 あらゆる食材を使って小麦粉・溶き卵・パン粉をまぶして揚げ物にした食品は何？

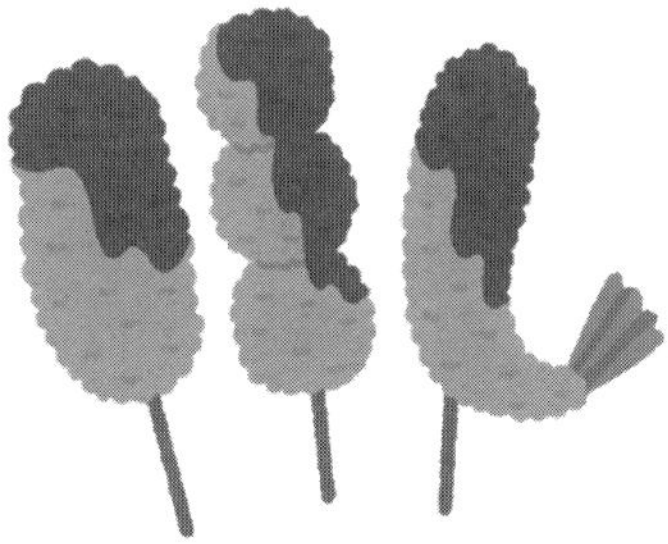

---

27 早起きは山門の徳

(早起きは三文の徳) あさ早く起きると何かよいことがあるということのたとえ

28 足が地に着かない。

(足が地に着かない) 緊張や興奮のために、気持ちが落ち着かない状態になる

新たな民族

33 もともと北海道に居たのはアイヌ民族。日本人はもともと大和民族。ところで千葉県あたりにももともとから他と異なった種族が居たらしい。時代的にはかなり新しいようだ。何と呼ばれている？

相手が不在

34 スマートフォンで相手をいくら呼び出しても全然返答がない時は、どう思う？

---

29 足が着いた

（足が付く）にげた人やかくれた人の行き先がわかる

30 足が出た。

（足が出た）予定していたお金では足りなくなる。また、損をする

いつもの態度は変えられない

35 成績で優が11以上あれば秀才だけど、いつもあとひとつ足りなくて、それでも勉強しないというのは、周りから何と言われる?

深海魚の気持ち

36 提灯鮟鱇《ちょうちんあんこう》は光の届かない暗い海の底で、僅かに発する光をもとに重圧に耐え、質素に生きている。だが海上に引き上げられると光に満ちた、こんな素晴らしい世界があったのかと非常に驚き、おめでたい気分になるらしい。その証拠は?

---

31 恐カツ

(恐喝) 相手の弱みなどにつけこみおどすこと。またおどして金品をゆすりとること

32 駆使かつ

(串かつ) 一口大の豚肉と、ネギやタマネギを交互に串に刺し、パン粉をつけて揚げたもの

恥ずかしい男

(37) 乾電池を使って時限爆弾を作っていた男が、配線を誤って電池が火を噴いた。こういう男を何という。

女性は万物の原点？

(38) 海は母に例えられる。海水浴客で賑わう海岸で一人の子供が迷子になった。そこの海岸で人に家を貸している金持ちの女性の子供であった。人はこの子供の親が誰だかすぐにわかった。何故？

33　房総族
(暴走族) オートバイや自動車を乗り回し、危険な走行や騒音で人々に迷惑をかける者の集団

34　携帯出んわ
(携帯電話) 無線を用いて長距離通話のできる小型の移動電話。

暑いも寒いも解らないこの頃

39-1 若い人が使いそうだが……
昼間が暑くて、夕方に寒い日は暑いような、寒いような日。こんな日はどんな日？

39-2 昼間が寒くて、夕方に暑い日は寒いような、暑いような日。こんな日はどんな日？

人は様々

40 最近は住宅の壁の色や、庭の植物の色がたくさんあって、住人にどんな色が好きかを聞いて環境調査をしたら、確かに好みは様々だった。この調査の名称について何かないか？

---

35 優10普段
（優柔不断）ぐずぐずして物事をはっきり決めることができないようす

36 目玉が飛び出る（目出度い）
（目玉が飛び出る）びっくりして目を非常に大きく見開く。目が飛び出る。

困ること

41 入居者が居なくて、大家さんの気持ちがすっかり凹んでいる家を何という。

慮《おもんぱか》る

42 昔、親孝行の若者がいて、よく学び、よく家事を手伝い、あっちの宮とこっちの宮の宮参りをしては親の心をおしはかっていた。その人の名は？

---

37 破電池男

（破廉恥男）恥を恥とも思わず平気でいる男

38 海の大家《おおや》だから

（生みの親）自分を生んでくれた親

私の歯は？

43 入れ歯を家のどこかに置いた人が外出して気が付いた。歯がない！！！外出先ではどこに置いたのか思い出せない。どうすればわかるのか。

心を落ち着かせる

44 人は何故、気持ちが落ち着かない時に森に行くのか。それは木の精霊が気持ちを和らげてくれるからで、一般に何と言われているか？

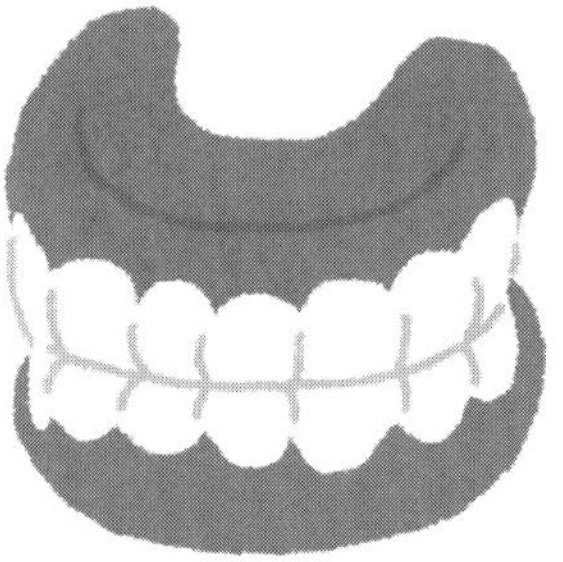

39-1 〈あむい日〉「今日はあむくない？」

39-2 〈さつい日〉「今日はさつくない？」

40 住人と色
(十《と》人十色《いろ》) 人によって、好みや考え方がちがっていること

人は現実を飛び越えられない

45 ロケットが宇宙に飛び出す時、まず大気圏の中を飛ぶが、発射間際に低気圧の影響で雲行きが危ない。だが予定通り実施される。そんな時、飛行士は宇宙どころか、まず何を思い浮かべるだろうか？

流れに逆らうのは人の常？

46 世間とは考え方の反対の女性が得度して尼僧となった。静寂主義を求めて自らを静寂と名乗った。心の安静を得ようとそれまでの自己を否定し、すべてを仏様に委ねようとした。だが彼女はまだ当時の尾を引いた。得度してからも彼女は何と言われたのか？

---

41 沈滞住宅
（賃貸住宅）賃料を取って貸す家

42 二宮忖度《そんたく》 （ちょっと発音にずれがあるが……）
（二宮尊徳）江戸後期の農政家・思想家（1787〜1856）

人は二つ同時に考えられない

47 気は確かなのだが、楽しいことを考えながら夢中になって歩いていると、雨が降っているのに気が付かず、ずぶ濡れになっていた。そんな時の状況を何という。

お使い者

48 寒くなって鶯《うぐいす》が里に下りてきた。人は思った。「鶯はお釈迦様のお使いだ。」何故そう思われるのだろうか？

---

43 （家に）居ればわかる
（入れ歯わかる）入れ歯の所在がわかる。

44 木精《きせい》緩和
（規制緩和）主に経済を活性化するために、政府や自治体が認可や届け出などの規制を緩めること

恥《はじ》の文化

49-1 恥じる気持ちは露骨する馬鹿さを抑《おさ》えてくれるから、できるだけ態度を控える方が美しい時もある。だが、控え過ぎていいふりをすると仇《あだ》となり、逆にひどい扱いを受けることさえある。そんな時、自分のとは違う相手の心に生じるのは何？

49-2 ひどい仕打ちを受けた人は、社会の片隅に追いやられたように見えるが、心には美しいものを持った賢人だから、小さいながら立派な文化圏を持つ。そういう特化した文化を何と言って認知したらよいだろう。

人は自分が一番

50 あの人は気位が高くて、いつも人を見下していると言いながら、自分のことは気が付かず、人のことを蔑（さげす）んでいるということはよくあることだ。だから人は皆、どういう存在と言えるか？

---

45 雨中飛行

（宇宙飛行）宇宙船を操縦して、宇宙空間を飛行する。（人は宇宙飛行士）

46 尼の寂

（天邪鬼）わざと人と反対のことを言ったりしたりする人

気象異常

51 東北地方を襲った大寒波は、人々の心を恐ろしさで震え上がらせた。天気図では等圧線が異常で、東北を襲う恐怖の線としてニュースになった。この線は早速、何と言って伝えられたか？

絶対いやだ

52-1 宅急便で数十分で届く所ならば、ドローンを使えば、どのくらいで配達できるか？

52-2 ドローンの場合、空から物が落ちてくる危険があるということで、誰もが猛反対した。皆は何と言ったのだろうか？

---

47 雨と無知

（飴と鞭）ときにあまやかし、ときに厳しくして相手をあやつること

48 ホケキョウ

（法華経）大乗仏教の最も重要な経典の一

53 神入《かみい》ってる
夏空には神様がたくさんいらっしゃるようだ。あの積乱雲の中から光に乗って神様がお出ましになる。あの雲は何という雲だろう？

54 腹を括《くく》る
痔の病で病院に行こうか行くまいかと悩んでいた人が、ついに行こうと思う時はどういう時だろう？

49-1 仕打ち心
（羞恥心《しゅうちしん》）恥ずかしく感じる気持ち

49-2 端（はじ）の文化（隅に追いやられた文化）
（恥じの文化）アメリカの文化人類学者 R.ベネディクトが『菊と刀』The Chrysanthemum and the Sword（1946）のなかで使った用語。他者の内的感情やおもわくと自己の体面とを重視する行動様式によって特徴づけられる文化をいう。彼女はこの「恥の文化」に対立する文化として、内面的な罪意識を重視する行動様式としての「罪の文化」をあげ、後者が西欧文化の典型であるのに対し、前者を日本人特有の文化体系と考える。すなわち、日本人の行動様式は、恥をかかないとか、恥をかかせるとかいうように「恥」の道徳律が内面化されていて、この行動様式が日本人の文化を特色づけているとする。

50 お高い様
（お互い様）両方とも同じ立場や状態に置かれていること。また、そのさま。

1000円は大金？

55 ある若者が後輩を脅して1000円を奪った。世間には似たようなことがいくらでもあるが、これを何という？

禿げ増えて、喜ぶ人も居る？

56 禿頭《とくとう》（はげあたま）に植毛するのに一本いくらと宣伝し、客を集めては小遣いを得ていた組織があった。集客の方法が不適切ゆえに彼らは一気に逮捕された。彼らが思っていたことは毛一本勧めれば、小遣いがもらえるということだが、安易さが裏目に出た。不起訴の注意だけで終わったが、警察はこれを何の事件と呼び、そしてどんな感想を持っただろうか？

---

51 東北震撼線
(新幹線) 高速で主要都市間を結ぶＪＲの鉄道。またその列車。

52-1 ８分

52-2 飛んでも８分
(とんでも－ハップン) 連語 (「とんでもない」と、英語 happen を結びつけた語)「とんでもない」を強めた語。昭和25年(1950) 前後の流行語。

同じものは二つとない

57 似たものがたくさんあると違いがよくわからないけれど、自動感知器があれば何でも違いを見分けることができる。これを何という?

くじけてはいけない

58 台風で作物が全滅した。農家がもう野菜作りを諦めようとしていた。しかし生きるためにもう一度気を立て直し、頑張ろうとすることを何という?

---

53 神成り雲

(雷雲) 雷や雷雨をもたらす雲。

54 痔決

(自決) 自分の意志で態度・進退を決めること。自分の手で生命を絶つこと。

はやり病

59 ～ねっ、～ねっ、～ねっと言う癖のある人は、あるはやり病にかかっている。日本人の会話によく聞かれる。医者ではどんな処方をするのだろうか。何と呼ばれる病気か？

大事なことなのです

60 深く息を吸って～、吐いて～、吸って～、吐いて～と皆で呼吸を合わせることを何と言う？

55　威嚇千金
（一攫千金）苦労しないで、一度に大金を手に入れること

56　一毛駄賃。けが無く終わった。
（一網打尽）悪人の一味を、一度にすべてとらえること

必要なことは実行せよ

61 石材屋の墓石バーゲンセールが終わって、もう要らなくなった宣伝ビラを早く処分すればいいものを、分かっていてもなかなか実行しない。今、この石屋が気に留めなければならないのは何？

通信革命

62 明治維新によって電話という電気による通信手段ができた。普段、面と向かって話ができない恋人たちが、電話を使ってならひと言ふた言で信頼し合えた。それでこの電話のことを当時は何と呼んだのだろうか？

---

57 センサー万別
（千差万別）たくさんのものが、それぞれ違っていること。種類が多くあること

58 勇気栽培
（有機栽培）化学肥料や農薬を控え、有機肥料などを使って農作物や土の能力を生かす栽培法

女は男に勝る？

63 親が子供を育てるには、初めは竹取物語を聞かせ、次に桃太郎の話を聞かせることが古くからの習わしである。それを昔の人は何と言った？

知らないことが罪になる

64 子供が好奇心で停留中のヘリコプターに乗った。触れてはいけない操縦かんを引いたら機体が浮いて飛び立ってしまった。この少年は勇気のある少年なのか？

---

59 ねっちゅう症（ねって言う症）

（熱中症）高温度下で労働や運動をしたために起こる障害。脱水・けいれん・虚脱などが現れる

60 息統合

（意気投合）互いの気持ちがぴったりと合うこと

夢は広がる

65 ある地方で小ぶりの鯛の塩漬けという食べ物があり、酒の肴に、お茶漬けにといろいろ食べ方があって、多くのものとよく合うことがわかった。そこで考えがどんどん広がり、奇想天外な発想にまで結びついて、結局何だかわからない味になってしまった。何がいけなかったのだろうか？

時を逃すな

66 哲という名の能弁・雄弁家が居た。すぐに熱く語り出す。その意気が萎《な》える前に反論でもしなければ彼の調子で終始する。それを阻止したい。頃合いを見て、打ち砕かなければならない。それを何と言う？

---

61 石屋の不要状

（医者の不養生）人に養生を勧める医者が、自分は健康に注意しないこと。正しいとわかっていながら自分では実行しないことのたとえ

62 維新電信

（以心伝心）口に出さなくても相手に考えや気持ちが伝わること

食は健康に大事

67 中国料理に使われる豆苗《とうみょう》はエンドウの若芽であるが、健康維持に良いという。見かけは普通だが、栄養不足と診断された細い男が得心したように毎日食べ続けた。この人について周囲はどう受け止めていただろうか？

知られざる出世魚

68 どじょう（同情）↓沙蚕《ごかい》（誤解）↓キス（接吻）↓鮎（愛）↓しびれエイ（痺《しび》れる）↓鯉（恋）↓あいなめ（愛撫）↓かます（喧嘩して肘鉄を噛ます）↓さわら（こわいから触らないようにする）↓大鯛（大台、人生の境目）↓カレイ（そのうち年をとる。加齢）↓ほっけ（法華、終活）↓最期はすべて白紙に流す生き物は何？

63　一姫二太郎

（一姫二太郎）子供は、最初が女、次は男という順に産むのが育てやすいということ

64　飛行少年

（非行少年）少年法により、家庭裁判所の審判に付される少年。

69 温泉は何のため

愛称「珠」は秘湯が大好きだ。それである時湯巡りをした。珠が行く先々で必ず目にするものがあった。人は気味悪がったが珠はこれが天然と言って気をよくした。珠は何を見た？

70 仕事熱心

ゴールドラッシュで人々が金塊を求めて奔走した。ただ彼らは女性を連れてはゆかず、金石を探し回った。その結果多くの人々が金を手にしたが、女性には無縁だった。彼らの生活意識は何だったのか？

---

65 小鯛妄想

（誇大妄想）自分の能力や境遇を過大に評価したり、想像したものを事実であるかのように思いこんだりすること

66 哲は熱いうちに打て

（鉄は熱いうちに打て）体や心は若いときにきたえるべきだという教え。また物事をおこなうためにちょうどよい機会をのがさないようにするべきだという教え。

値段が同じならば……

71 自販機で食券を買った。気持ちが変わって別の料理が食べたくなった。値段が同じだったので、別のものを頼んだ。この使い方はいいのか、いけないのか、何と言う?

美し過ぎる話

72 きれいな女性が、全裸を見せたがる。普段も同じと思われる、いや思いたいのは何故?

---

67 豆苗生活
(闘病生活) 病気を治そうという強い意志で療養につとめること。

68 しろながすクジラ
(出世魚) 成長するにつれて名が変わる魚。ボラではハク、スバシリ・オボコ、イナ、ボラ、トドと呼び名が変わる。スズキではセイゴ、フッコ、スズキ。ブリの場合、関東地方ではワカシ、イナダ、ワラサ、ブリ、関西地方ではツバス、ハマチ、メジロ、ブリ。

継続は力

73 書道家は何度も験《ため》し書きをして、やがて底知れぬ力を見せる。その力が時には世間を驚かせ、脅威となる。書道家はそこまで験《ため》しをやるだろうか。何のこと？

子供はダメ

74 餅を作って売っている店がある。衛生上、仕事に子供は一切手を出させない。見れば確かに店には子供は居ない。よく誤解されるがこの店はどんな店？

---

69 温泉珠 go

（温泉卵、温泉玉子）ゆで卵の一種。……温泉のお湯に入れて作ったところからの名。温玉（おんたま）

70 金欲

（禁欲）本能的な欲望、特に性欲を抑えること。

本当のような話

75 あるヤクザが、歯切れもよく仁義を切ったが、時代がもう違うのか、誰からも無視された。こんな内容の映画がかつてあったように記憶しているが、その題名は何であったか？

最後は煩わしい

76 知恵比べで勝ち進んだ者が、決勝戦に臨んだ。この最後の戦いは、頭を使い過ぎておかしくなりそうだけれど、勝たねばならない。どんな戦いになるだろう？

---

71 食券乱用

（職権乱用）公務員が職務上の権限を越えたり、悪用したりすること。

72 美人穿《は》くめい

（美人薄命）美人は、病弱で早死にしたり、運命にもてあそばれて、不幸になったりすることが多いということ。

憎み合う

77 早くに解決すればいいのに、骨の髄まで憎み合ってから、裁判に訴えるという、そこまで執念深い病的な性質を何という？

政治家よ、しっかり頼む！！！

78-1 ある政党の考えが、右も左も纏まらず、体制が曖昧で不安定な状態を何と表現したらよいだろう。

78-2 ところがある党は、何でも好き勝手に決めてしまう。こんな党は何と言われても仕方ないか？

---

73 書く実験

（核実験）水素爆弾などの核兵器の性能や効果を確かめるために行う実験。

74 大人のお餅屋

（大人のおもちゃ）？

長たる者の人格

79 納豆を作る会社の社長は、辛抱強い。だが従業員は必ずしもそうではない。不満多いのも居る。しかし、そんな社員が働き続けているのは社長が社員に何かをしているためだ。一体何をしているからだろう？

特別な州

80 ある国の、ごみの散らかりの多い州には、特にカラスが多いという。人々も乱暴で、無関心だという。こうした州は何と呼ばれる。

75　仁義スカン

（ジンギスカン）モンゴル帝国の創始者（1162？～1227）

76　脳決戦

（脳血栓）脳動脈に動脈硬化などによって生じた血液の塊が詰まるために起こる疾患。

言いたがり屋

81 旅行して、初めての旅館に入る時に必ず「初めてお世話になります」。初めての料理屋に入る時、必ず「初めて伺いました」とわざわざ言う人はどんな人？

言われてみれば納得

82 素晴らしいということを言うのに、「いいね、いい、いい」と表現する人は、場合によってはそれなりに趣があるが、こんな人をどう表現しようか？

---

77 骨訴訟症
（骨粗鬆症）骨の構造が海綿状になり、もろく折れやすくなった状態。通常は老化現象の一。

78-1 一党両端

78-2 一党両断
（一刀両断）すみやかに、はっきりとした処置をとること。

場所を考えて……

83 下着のような格好で表を歩いている女性が居る。男は一瞬ドキッとする。本人の幸せのためにも本来はこうした格好はどこでするものか。

金は借りない方がいい

84 銀行から金を借りて家を建てようとしても、長期間払い続けることが不安で、むしろ今の家を改築した方が経済的であるとするのはどんな考えに基づくのだろうか。

---

79 糸を引いている
（糸を引く）裏で指図して人を操る

80 烏合の州
（烏合の衆）規律も統一もなく寄り集まった群衆

人にはを気をつけろ

85 花を売って歩く少女が居る。中には人の隙見て泥棒をしたりする。そういう娘は花を売ってはいけない。何故？

文字

86 住んでいる所という意味の、所という文字は、二文字で表すと住所でもいい、三文字だと居場所でもいい、四文字だと居住場所でもい い……というように多様に表現できるが、結局は「所」という文字ひとつで済む。このように一文字で済むことを何という。

---

81 一見誇示《いちげん》
（一言居士）どんなことにも、何か一言でも言わないと気のすまない人。

82 エも言われぬ人（イばかり言っている）
（えも言われぬ）言葉で言いようもない

後の祭り

87-1 太平洋を横断するつもりで出航した男が居た。毎日毎日海ばかり。何も見えない大海のただ中で恐怖や不安は募るばかり。一週間も過ぎる頃、急にペンを執った。何を書き始めたのだろうか？

87-2 太平洋の真ん中まで来てしまって、どうしてよいかわからなくなって困っている状態を何と表現したらよいだろう。

短歌の名人

88 雪が降った。枝の先には、つららができた。こんな情景を見たらあの人は何と歌い込むだろう。あの人とは誰？

---

83 服は家《うち》

（福は内）節分の夜、豆まきの行事をするときに唱える言葉。幸運を招く福の神は内へ、禍をもたらす鬼は外への意。

84 ローンより証拠

（論より証拠）いろいろと議論するよりも実際の証拠を出す方が、物事をはっきりさせるということ。

いいたがり

89 歌はそれほどうまくないのに、自分は歌を歌うと言いふらす人は何と言われる？

人前では美食家

90 人の見ていないところで、がむしゃらに食べる大食漢は何と呼ばれる？

85 花持ちならぬ

(鼻持ちならぬ) 考え方やおこないなどが、いやな感じでがまんできない。

86 一字が万事

(一事が万事) 一つのことを見れば、他のすべてのことがわかること。

狭量は世間が見えぬ

91 偉いお方がでんぐり返しをして、発想の転換をしたら世間がよく見えた。このお方は誰？

芸術は身を助ける

92 男色男子の、おなかを出して寝ている姿は見ているだけで笑いを得る。彼はすぐれた芸術家だ。その分野は何芸術にあたるか？

87-1 後悔日誌
（航海日誌）航海中の状況を所定の書式で記録する日誌。

87-2 遠洋後悔
（遠洋航海）遠く陸地を離れた大海を航海すること。

88 木のつらら雪
（紀貫之）平安前期の歌人（870〜945ころ）

隠し事はいけません

93-1 李下の冠を棒でつついたら、中にたくさん隠れていた昆虫は何？

93-2 棒で突かれたセミたちは、どうしてよいか判らずに放心状態だったが、しばらくして気持ちを取り戻し、一斉に鳴き始めて、今しがたの心の状態を語り始めた。何と言って語ったのだろうか？。

逃げるが勝ち

94 ある日、キングコブラがマングースと喧嘩して負けた。コブラは直ちに動物病院に運ばれ、手当てを受けたが、最初に受けた治療は何？

---

89 歌まろ

（まろ）一人称の人称代名詞。平安時代以降に用いられた語。

（歌麿）（1753~1806）江戸後期の浮世絵師（北川歌麿）

90 影むしゃ

（影武者）敵の目を欺くために、大将などと同じ服装をさせた身代わりの武者。

陰にあって、表面にいる人の働きを助ける人。または、表面の人を操る黒幕。

無私の刻

95 ある大学のゼミ風景。アルバイトに追われたり、遊び過ぎたり、暇があると勉強してみたり。いずれにしても皆疲れている。授業が始まると、そちこちでコックリと舟をこぐ。そんな時、学生の心は無私状態。こんなゼミを何と言う？

尼さんのコート

96-1 尼僧が晴れた冬の夜、星を見るために防寒用として着用するのは皮のコートか、それとも生地《きじ》のコートか？

96-2 それではコートは何の動物の毛皮か？

---

91 しゃか様

(お釈迦様) 釈迦牟尼：紀元前５世紀ごろ、インドの釈迦族の王子として誕生。29歳で宗教生活に入り、35歳で成道した。45年間の布教ののち、80歳の２月15日入滅。釈尊。釈迦如来、釈迦。

92 腹ゲイ

(腹芸) 芝居で、役者がせりふや動作に出さず、感情を内面的におさえてその人物の心理を表現する演技。

しもたや（仕舞た屋）

97 ここの家はかつてヨーロッパ風の造りで、人気の果物を売って繁盛していた。今は近くにスーパーができて、店を閉じてしまった。もう店としての利用価値がない。ところでこの店は何を売っていたのか？

お父さん、目立たないで

98 中学校の運動会に父親たちが来て、我が子の写真を撮ろうと近づいた。当の子供たちは恥ずかしくなり、「お父さんたち、もういいから」と言う意味で親に言った。何と言ったのか？

93-1 突く突く帽子

（李下に冠を正さず）実をぬすんでいると疑われないよう、李《すもも》の木の下で冠を直さないということ。

（ツクツク法師）（鳴き声から。「法師」は当て字）セミ科の昆虫。

93-2 つくづく放心。

（ツクツクホーシン）雄はツクツクオーシと鳴く。

94 天敵

（点滴）薬液や栄養物の投与あるいは輸血などで、長時間かけて一滴ずつ静脈内に注入する方法。

99 **母は偉い**

離島での話。母親が、小学校へ通う子供のために毎朝、船着き場まで送り迎えする。今でもこんな風景はあるのだろうか。前にテレビか映画で見たことがある。子供にとっては完全な母親であり、母親は子供のためには骨身を惜しまず通い続ける。こんな母親はどのように表現したらよいだろうか?

100 **見たことも聞いたこともない料理**

誰も作れないという幻の料理が公開される時、皿に盛られた料理はすっぽりと紙で隠されて中味が見えないようにしてあった。この料理はどんな料理だ。

---

95 眠眠ゼミ

(ミンミンゼミ) セミ科の昆虫。……ミィーンミンミンと鳴く。

96-1 皮のコート(尼の皮)

(天の川) 晴れた夜空に帯状に見える無数の恒星の集まり。

96-2 天

(貂《てん》) 食肉目イタチ科テン属の哺乳類。……夜行性で、小動物などを捕食。毛皮がよいので知られる。

101 日本語が解る?・アメリカ人のいらいら

ある家庭の奥さんが気短なアメリカ人で、急いで夕食のあと片づけをしていた。夫は手伝う気配がなかった。ちゃっかり者の日本人の夫は夕涼みに浴衣を着て外出しようとしたが、草履にしようか、下駄にしようかとかなり迷った。優柔不断の夫にいらついた奥さんがその時に決めてくれた。どっち?

心は一緒

102-1 上野動物園のパンダが赤ちゃんを産むという報道に皆が関心を持った。その時の人々の心の様子をどう表現するか。

102-2 2017年6月12日、シンシンが赤ちゃんを産んだ。そして9月25日に名前が決まった。この時は多くの人が喜んである行動に及んだ。どんなことをしたのか?

---

97 用無し

(洋梨) バラ科の落葉高木。また、その実。

98 パパらあっちへ

(パパラッチ) 有名人を追い回しゴシップ写真を撮ろうとするフリーランスのカメラマン。

103 昔も今も変わらぬ研究心

昨今話題のヒアリについて、昔、このアリがどこに巣をつくるのか探し歩き、研究していた人が居た。結局日当たりのよいテラスの下を好むことがわかった。こうしてヒアリの巣とテラスの関係を明らかにした世界的に有名なこの人は誰？

104 真実は目で確かめること

国境は国と国との境目のこと。ところでこの境となる目を歩いて両国の民族研究をした人は誰ですか？

---

99 完璧の母

(岸壁の母) 第二次世界大戦後、ソ連による抑留から解放され、引揚船で帰ってくる息子の帰りを待つ母親をマスコミ等が取り上げた呼称。その一人である端野いせをモデルとして流行歌の楽曲、映画作品のタイトルともなった。

100 紙がかかっている料理　(神がかっている料理)

(神がかっている (料理)) 心霊が人のからだに乗り移る。また、人が普通と違うようすになることにもたとえていう。

105 何事も経験

気象レーダーのない時は、鐘を叩いて、その音で天気を予想した。そのことに気付いた最初の人は誰？

106 もったいない

下駄を履かない今では、「緒をすげる」という言葉をご存知だろうか。下駄に鼻（花）緒を取り付けることだが、切れた緒は見た目にもきれいで、手の込んだものもある。ゴミ屑としないで、それを何かに利用できないか。装飾に使えるかも知れない。でも結局は屑になる運命のようだ。そんな鼻緒のことを何という？

---

101 下駄（で行け！）

(Get out) 出て行け！

102-1 興味シンシン

(興味津々) 次々と心がひきつけられて終わりがないこと。

(シンシン) 上野動物園の母親パンダの名前。

102-2 シャンシャン手拍子

(香香《シャンシャン》) 赤ちゃんパンダの名前。しゃんしゃんは、大ぜいの人がそろって手を打つ音や、そのさまを表す語。

現実がいい

107 満開の桜の木の下で花見をしていた人たちの中に、ダンスの好きな人が居て、音楽がかかると待ってましたとばかりに踊り出した。この人は最初から何の曲を期待していたのだろうか。

病で人柄が変わる

108-1 気の弱い男が肛門にできものができて、病院に行ったら痔と診断され、その後落ち込んで希望を失い、性格が変わった。どんな性格になったか。

108-2 しかし人には言えなくて、平気を装った。早く手当をすればいいものを、そんな時の彼の気持ちの具合はどうだった？

108-3 これを聞いた人はどう思っただろうか？

---

103 蟻巣《ありす》とテラス

（アリストテレス）［前384~ 前322］古代ギリシャの哲学者。プラトンの弟子。

104 歩き目です

（アルキメデス）［前287ころ～前212ころ］古代ギリシャの数学者、物理学者。

109 **愛は一志向**

太っている彼は50肩で重いものを持つことができなかったし、手を上げることもできなかった。そんな彼の肩を持ち上げたりして献身的に介護する女性が居た。だが彼は冷静だった。彼女はやがて去って行った。彼女が彼に思ったことは何?。

110 **思いやり?**

彼には付き合っている好きな女性が居る。だが彼女はもう気持ちが離れている。そんなこと知らない彼は幸せそうだ。彼は知らないけれど、友人たちはそっとしておこうと周知している。こうした状況は何という?

---

105 カント

(カント)[1724~1804] ドイツの哲学者。

106 緒が屑《くず》

(大鋸屑《おがくず》) 鋸《のこぎり》で木材をひいたときに出る木屑《きくず》。ひきくず。のこくず。

利口なチンパンジー

111-1 動物園のチンパンジーが逃げた。皆で探したが、頭がいいから一向に姿を見せない。なるほどと人は納得した。何故？

111-2 ある人が、もう捜査はやめようと言い出した。この人はこのチンパンジーが戻ってくることをひたすら願い、信じた。何か根拠があったのか。

生きることは己に勝つこと

112 人生には滅入《めい》ることが多く、そのたびにストレス解消ため、食べては憂《う》さをはらし、寝てばかりの人が居る。こうした人の生き方はどんな風だろう？

---

107 （端《はな》より）タンゴ

（花より団子）見て美しいものより、実際に役立つもののほうがよいというたとえ。

108-1 痔暴痔棄

（自暴自棄）わざと自分の身をそまつにあつかい、無茶な行いをすること。

108-2 意固痔

（意固地、依怙地）かたくなに意地を張ること。また、そのさま。片意地。えこじ。

108-3 嫌な感痔　　　　もうこの辺で……

113 ささいなすれ違い

アメリカ人の女性と結婚した日本人が、ある日トイレに入ったらトイレットペーパーがなかった。そこで奥さんに「おーい、トイレットペーパーを持ってきてくれ」っと頼んだら、それが原因で離婚した。この女性にはどんな心が欠けていたのか。

114 プレーはきれいに

野球の試合で、バッターの打ったボールがキャッチャーフライになった。キャッチャーはボールに追いついたが、素手だった。そのまま素手で捕球しようとしたが、落としてしまった。この素手の行為は正当か？しかも観客にはどのように映ったか？

---

109 肩重い（肩思い）

（片思い）自分のことを思ってもいない人を、一方的に恋い慕うこと。

110 知らぬがほっとけ

（知らぬが仏）知れば腹も立つが、知らないから仏のように冷静でいられる。また、本人だけが知らないで平然としているのを、あざけっていう語。

115 欲望を抑えきれずに……

ひとりで夜中に相手を求めてうろつく変態がいる。Hというのはこの変態から生まれた言葉だが、夜中の軟派族、そんな人を何という？

116 無表情

トランプゲームをしていたら、老いた雌猫が来た。このひとりがカードを引いたらジョーカーだった。この人は、この猫が原因と思いちょっと小突いた。猫は知らぬふり。腹を立てた猫は、床に落ちていたカードを一枚腹の下に隠して平気を装った。この猫はどんな猫？

111-1 敵も猿者《さるもの》

(敵も然《さ》る者) なかなかの人物。あなどれない人。重んじる価値のある人。

111-2 猿者は追わず

(去る者は追わず、来たる者は拒まず) 自分から離れて行こうとする者は、その意志に任せて、強いて引き留めない。

112 滅入っちゃ、食っちゃ、寝

(滅茶苦茶ね) どうにもならないほどにこわれたり、混乱したりすること。またそのさま。

新たな波

117 相撲界にも新風が吹いて、顔だちの優しいニューハーフのようなきれいな力士が現れた。四股名《しこな》を「大和《やまと》」。大和が四股を踏む時は、よいしょの掛け声がかかったが、この人は女だったと言われている。何故？

通じ合う

118 男女が会うこと数重ねれば、時には洋食レストランへ。彼は牛肉、彼女は豚肉がいいという。二人の気持ちが通じるのは何の肉だろう？

---

113 紙対応

(神対応、神ってる) 神対応とは、クレームやマスコミ取材などに対する優れた対応のこと。すなわち、神様のような対応という意味。クレーム処理の優れた対応をそう呼んでいたことから、その他のさまざまな「対応」の状況に用いられるようになった言葉だという。(神対応)

114 (正当だが、) ミットもない。

(ミット) 野球で捕手・一塁手が用いる、親指だけが分かれた革製の手袋。

119 美しくなりたい

日本の国蝶である大紫（おおむらさき）は、開張が9センチにもなる最大の蝶であるが、ある日くぬぎの幹に休んでいた。しじみ蝶がやって来て、「貴方の空を舞っている姿は、雄大で美しい」と言って称えた。おおむらさきはそんなことないと返答したが、何と言ったのか？

120 おやつの時間

小さいカップラーメンは子供たちに人気だ。時間が来ると早く食べたいとせがまれる。食べている子供たちはみんなかわいらしい。このメンは子供用に作られたという。考えた人は何をイメージしたのだろうか？

115　ひとり夜狩り

（独り善がり）他人の意見を無視して、自分だけでよいと思い込んでいること。またそのさま。どくぜん。

116　猫婆《ばば》

（猫糞《ばば》）（猫が糞をしたあとを、砂をかけて隠すところから）悪いことを隠して素知らぬ顔をすること。また、拾得物などをこっそり自分のものとすること。

121 油断は禁物

喧嘩していつも負ける男が、仕返しのために自転車に乗り、相手にぶつけて怪我をさせようと思った。角を曲がって、出会いがしらにぶつけようと、勢いよく飛び出したが、相手にうまく躱《かわ》された。またしてもやられた。見ていた人は、彼に対して何と言った？

122-1 ならず者

海千山千という言葉がある。海に千年、山に千年住んだ蛇は、竜（たつ）になるという。ところが素行が悪くてたつになれない蛇がいる。もう千年修行を積まなければならない。こうした蛇のことを何という。

122-2

では何故この蛇は留年したのだろうか。

117　大和名で四股

（大和撫子）日本女性の清楚な美しさをほめていう語。

118　合い挽き

（逢引き）相愛の男女が人目を避けて会うこと。密会。江戸後期から使われ始めた語。

期待はあまりしてはだめ

123 毎年春になると竹の新芽、たけのこが庭に生えるのを楽しみにしていたが、今年は裏の家の庭に生えた。期待外れとなった。竹は地下茎なので予想がつかない。こういうことを何という？

たとえ秀でた人でも

124 傘つくりの名人が居た。一生懸命苦労・努力して、腕を磨いてきたのだが、ある時突然行き詰まった。それで傘つくりができなくなった。何があったのだろうか。

---

119 飛んでもない
（とんでもない）まったくそうではない。滅相もない。相手の言葉を強く否定していう。

120 メン乞い
（めんこい）かわいらしい。愛らしい。

人は人よりまず自分

125 人は自分のことで精いっぱい。少しでも賢く振る舞って、自分中心に生きたいと思っている。人は皆頭がいい。このように生きる方法を何という？

危うきに近寄らず

126 甘い言葉を鵜呑みにする方も脇が甘いが、その時調子づかずに気を付けなければいけない戒《いまし》めことばは何？

---

121 うっチャリを食った
（うっちゃりを食う）最後のところで、形勢を逆転される。

122-1 竜年
（留年）学生が進級・卒業するのに必要な単位を取得しないで、原級にとどまること。

122-2 蛇念があった。
（邪念）悪意やたくらみを秘めた、よこしまな考え。邪心。心の迷いから来る妄想。雑念。

127 盛況

一万人以上入場できる競技場に陸上の試合を見に行った。試合開始一時間前だったが、既に先に来ていた観戦者は一万人もいて、ムードは盛り上がっていた。こういう状態を何という?

128 嫌なことは忘れよう

小雨降る寒い日であった。ある家の息子が段ボールにしまっておいた漫画本を、母親が中味を確認しないで廃品に出してしまった。うっかりだったとはいえ、息子は怒った。親の顔も見たくなかった。しかし諦めるより仕方なかった。その後、親子が顔を合わせた時はどうなったか。

123　裏芽に出る

(裏目に出る) 良い結果を期待してやったことが、逆に不都合な結果になる。

124　骨を折った

(骨を折る) 苦労する。力を尽くす。またいとわないで人の世話をする。

並はずれ

129 人は足元を見れば、その人が分かるという。長年履いて形が変わってしまった履物を履いている人の性格は？

相手を考えよ

130 可愛い猫の絵をたくさん描いて、多くの人が微笑むことを期待して、かわら版もどきの画集を印刷した。それで最初に猫たちに見せたが、猫はニコリともしなかった。その刷り物の題名がいけなかったのか。題名は？

---

125 利口主義

（利己主義）社会や他人のことを考えず、自分の利益や快楽だけを追究する考え方。また、他人の迷惑を考えずわがまま勝手に振る舞うやり方。エゴイズム。

126 飲んだら乗るな

（飲んだら乗るな　乗るなら飲むな）アルコールを飲んだら、運転をしてはいけないという標語

131 食生活は大切に

料理の不得手な母親が、子供に唯一受けるのがチャーハンということで、毎日それを食べさせるのだが、こういう習慣はどんなふうに言われるだろうか。

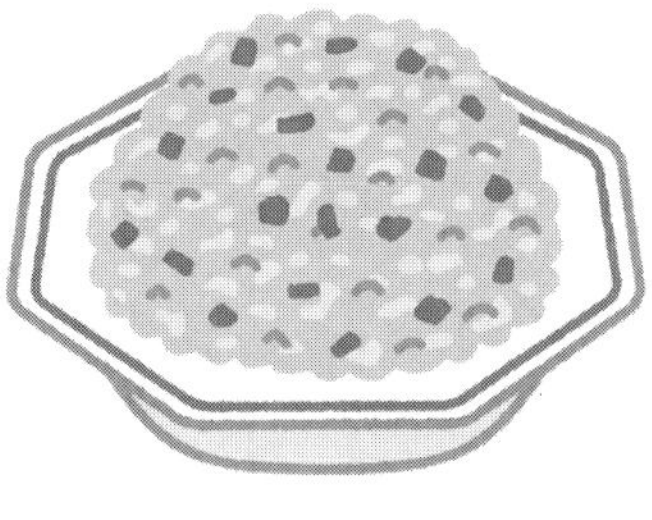

132 蟻の話し合い

真夏の燃えるような、焼きつくようなアスファルトの上を、一生懸命に食料を運んでいる蟻が居る。腹が火あぶりになったようなものだが、この蟻は年を取っても足・腰が痛まないという。何が体内にあるのかと蟻同志の間で議論となり、賛成一致を見た物質は何だった？

---

127 先客万来

（千客万来）入れ替わり立ち替わり、多くの客が来ること。

128 見ずに流した

（水に流した）過去のいざこざなどを、すべてなかったことにする。

切っても切れない間柄

133 正月に餅を食べながら、喉に詰まらせて亡くなる人が居る。そういう人たちはあの世で一堂に会すらしい。どういう理由があったのだろうか?

露《あら》わビーチ

134 外国には特別なビーチがあって、そこでは一糸まとわぬ男女が泳いだり、語らったり、生まれたままの姿で楽しんでいる。彼らの気持ちが優先している。そうした場所は何と呼ばれるだろうか?

---

129 変靴《くつ》者

（偏屈者）性質がかたくなで、素直でないこと。またそのさま、「――な人」

130 ネコニコ版

（猫に小判）貴重なものを与えても、本人にはその値うちがわからないことのたとえ。

親子は似ている？

135 ある痩身の男性は、胃が弱くてしばしば逆流性食道炎をおこしていた。その息子がやはり胃弱で同じ病で苦しんだ。このように我が子が受け継いでゆくことを何というのだろうか？

四つ子ちゃん

136 四つ子が生まれた。四人並べると区別がつかない。それは当然。何故？

131　日常チャーハン
（日常茶飯《さはん》）〈毎日の食事の意から〉毎日のありふれた事柄。

132　火蟻論賛
（ヒアルロン酸）眼球の硝子体や関節液・臍帯・皮膚などに広く分布。多量の水と結合して粘りのあるゲル状となり、組織構造の維持や細菌・毒物の侵入ぼうぎょなどの役をする。

137 ウサギは弱いようで、どうしてどうして……

鷹が獲物を狙って、空高く飛びながら地上を見ていた。ウサギが居た。頭のいいウサギは気が付いて、いつも脅されている恨みの仕返しをしようと、姿を見せてはすぐ隠れ、鷹を翻弄した。鷹の好きな物を知っているウサギは、鷹が獲物を得ずして飛び去ったのを見て勝ち誇った。このウサギの性格は何？

138 古古米

新米を食べたら美味しかった。残っているのを忘れて、気が付いたら古米、古古米になっていて、味も悪くなっていたし、米を炊くのも億劫だし、食事はパン食に切り替えることにした。そこで古米を捨てて、パン食にすることを内心宣言した。この宣言を何というか。

---

133 誤嚥（御縁）

（誤嚥）飲食物や唾液が誤って気管に入ってしまうこと。また、異物を間違って飲んでしまうこと。

134 海水欲情

（海水浴場）海に行って泳いだり、日光浴をしたりするところ。

考える人

139-1 人は考える葦だと言った学者が居た。彼は頭が良くて議論を戦わしても、彼を論破できる人は居なかった。論戦者たちからすれば彼はどんな存在だっただろうか。

139-2 一方、戦いに敗れた人たちは黙って去って行った。彼がその時にかけた言葉は何？

139-3 その後も彼の思想はブレることがないということで有名になった。この人は誰？

丸見え

140 頭隠して尻隠さずというが、尻がすっかり見えている状態を何と言うか？

---

135 胃酸相続

（遺産相続）死後に残された財産を受け継ぐこと。

136 似たり四人《よったり》

（似たり寄ったり）互いに優劣・差異などがほとんどないこと。また、そのさま。大同小異。どっこいどっこい。

141 悔しくてたまらない

大きなマーケットが閉店した。本当は経営方針が間違って、景気が悪くなり潰れたのだが、社長の口実は規模を縮小して、内容の充実を計るということだった。決して自分の失敗を認めなかった。この社長の言い分は、何と評価されるのか?

142 業績を残さないと……

ある人が賞が欲しくて、やたら講演会をし、話しまくった。その人の話は多くの賛同者を得て、世界的にその人の名前は知れ渡った。だが彼には研究成果を発表したり、物を書いたりという業績がなかった。彼が狙った賞は何だったか?

---

137 知った鷹物

(したたか者) 容易に人の思うようにはならない者。

138 断シャリ宣言

(断捨離) 不要なものを断ち、捨て、執着から離れることを目指す整理法。平成22年 (2010) ごろからの流行語。

心は様々

143-1
修道女（尼僧《にそう》）たちが夜空を見上げていた。ある尼僧が言った。「私たちはいずれあの星の仲間になるのですね。」尼僧たちが見ていたのは何？

143-2
そしてある気の弱そうな尼僧が言った。「私はあの星にはなれないわ。」他の尼僧たちは、いつもの弱音吐きと思って何も言わなかった。彼女はどんな尼僧だったのか？

139-1　葦元にも及ばない
(足元にも及ばない) 相手がすぐれていて、比べものにならない。
　足元にも寄りつけない。

139-2　葦からず
(悪しからず) 相手の希望や意向に添えない場合などに用いる語。
　悪く思わないで。気を悪くしないで。

139-3　ブレず　パスカル
(ブレーズ　パスカル) (1623~1662) フランスの数学者・物理学者・思想家。
　「人間は、自然のうちで最も弱い一本の葦にすぎない。しかしそれは考える葦である」として、人間の、自然の中における存在としてのか弱さと、思考する存在としての偉大さを言い表したもの。「パンセ」の中の言葉。

140　臀部《でんぶ》丸出し
(全部丸出し) 臀部とは、しりの部分。しり。医療関係では「殿部」と書く。

144 男の醜活

正直な爺さんが、裏の畑を掘ったら、大判・小判が光り輝いて出てきた。喜んだ爺さんは、その後遊興に耽り、果てに奥さんに別れられてしまった。その時に爺さんが妻に歌を歌った。何の歌？

145 何事も楽しみがなくちゃやってられない

あるスポーツチームが、休みなしの練習を続けていた。厳し過ぎる連日の練習に、月に一度くらいは男女の会を設けたいと考え出したのが、毎月最初の日は合コンの日。選手たちはこの日をどのように思っていただろうか。

---

141 マーケ（ット）惜しみ

（負け惜しみ）自分の負けや失敗をすなおに認めないで強情をはること。

142 述べる賞

（ノーベル賞）ノーベルがスウェーデンアカデミーに寄付した遺産を基金とする世界的な賞。

これで最後だ

146 ある男が、物を蹴飛ばす癖があった。見かねた周りの者たちが、かれにその足癖をやめさせようと、まじないとして紙に文字を書いて彼の足にくっ付けた。何と書いてくっ付けたのか？

あとまわし

147 初春のうららかな日だった。花を題材にして書いた俳句を見てもらおうと、ある人が師匠の芭蕉のもとにやって来た。芭蕉は「これから花の鑑賞会に呼ばれているので、行かねばならない。後にしてくれ。」と言って去ってしまった。この題材となった花は何だった？

143-1 尼《あま》の川

(天の川) 晴れた夜空に帯状に見える無数の恒星の集まり。夏から秋に最もよく見える。中国の伝説に、牽牛星（けんぎゅうせい）と織女星（しょくじょせい）とが７月７日にこの川を渡って、年に一度だけ出会うという。

143-2 尼《あま》の弱《じゃく》

(天邪鬼) わざと人に逆らう言動をする人。つむじまがり。ひねくれ者。

148 騙《だま》しのテクニック

太古の昔に、天照大神（アマテラスオオミカミ）が、弟素戔嗚《すさのおの》尊《みこと》の乱暴に怒って天岩戸（アマノイワト）に籠ってしまった。世界が真っ暗になり困り果てた神々は、天岩戸から出てもらう算段をしたが、その方法として岩戸の前で踊ったり、はしゃいだりして、天照大神の気を引こうと騙しの行為を行うことになった。結果は成功して光が戻ったのだが、この神々が打った行いを何というだろうか？

---

144 掘ったるの光

（蛍の光）スコットランド民謡。……日本語の作詞者は不明。別れの歌として卒業式などで歌われる。

145 一日選手の思い

（一日千秋の思い）一日が非常に長く感じられること。待ちこがれる気持ちが著しく強いこと。

乗り切れぬ仕事もある

149-1 真面目な社員が働きすぎて体調を崩した。胃の具合が悪いと医者に診てもらったら癌が見つかった。しばらく会社を休んだが、辞めることにした。この社員は結局病気理由で退社を申し出た。この場合の彼の身の引き方は何と言えるか？

149-2 その後、治療に専念し、周囲の願いの甲斐もあり、すっかり回復した。大きな病を克服したが、これは彼にとって何を成し遂げたのだろうか？

念には念を入れる

150 大工さんが工務店組合から推薦されて区会議員に当選した。自己紹介は必ず自分は都議会議員ではありませんと低姿勢を貫いた。何故だろう？

---

146 「蹴り」を付けた

（けりを付ける）〈和歌・俳句などに助動詞「けり」で終わるものの多いところから〉物事の終わり。結末。決着。

147 見ず芭蕉

（水芭蕉）サトイモ科の多年草。

151 妻は冷静

ひょっとこ顔の旦那とおかめ顔の女房が居た。夫婦仲は大変良くて、つうと言えばかあと答えるほどであった。それで女房は旦那の八日先の行動予定まですべてわかっていて、スマホで居場所確認なんて必要なかった。でも女房はどうしてそんなことまでわかったのだろうか。

152 よくある話

ある田舎の施設での話だが、年寄りが友人に身の上話をした。熱心に聞いてくれた。後日彼は同じ話をまたその友人にした。友人は、その話は聞きましたよと言ったら、彼は自分がなんておしゃべりなんだろうということに恥じらいを感じて、誰から聞きましたかと問い返した。友人は誰でしたっけね～と思い出せない始末。この人たちはどこに住んでいたのだろうか？

---

148 神芝居

（紙芝居）物語を何枚かの絵にして、劇的に説明を加えていくもの。昭和6年（1931）ごろから、子供相手の飴（あめ）売り行商の手段として街頭で演じられた。現在では視聴覚教材ともなっている。

一人では無理

153-1 ヨーロッパに周到な窃盗団が居た。ボスはある日、仲間を集めて「明日、夜0時、あの有名宝石店正面の時計の下に集まる。狙ったものは根こそぎ頂戴する」と言って綿密な計画を実行することにした。果たして結果は成功した。このボスの名前はルイといったが、彼がしたことは何か？

153-2 ただし、この名前は珍しいという。何故か？

絶対いやだ

154-1 宅急便を使えば数分で届く所を、ドローンを使えばどのくらいの時間で届くのだろうか？

154-2 しかも何故？ただ空から物が落ちてくる危険があるということで、誰もが猛反対した。皆は何と言ったのだろうか？

149-1 胃癌退職
（依願退職）本人からの願い出によること。

149-2 体癌成就《じょうじゅ》
（大願成就）大願がかなうこと。

150 区議を指した
（釘を刺した）約束違反や言い逃れができないように念を押す。

155 猫

馬の走るところは競馬場。ある日この馬場を頭のよい猫が通り抜けた。落ち着かぬ様子で慌てているようだった。途中で人目を避けるかのように、足元に何かを隠した。大事な物かも知れない。何をしたのだろうか？

156 男はやらねばならぬ

瀬田は経済学者。50年ぶりの小学校の同窓会を楽しみにしていたが、自分の講演会と重なってしまった。親友の政治学者の原田に代理講演をしてもらおうと思った。だが考えた末に、瀬田は同窓会の方を犠牲にして講演をすることにした。何故瀬田は原田に講演を頼まなかったのか？

---

151 おかめ八目

（傍／岡目八目）〈他人の囲碁をそばで見ていると、対局者より冷静で、八目先まで手が読める意から〉第三者のほうが、物事の是非得失を当事者以上に判断できるということ。

152 地方の施設

（痴呆）認知症のこと。平成16年（2004）厚生労働省の用語に関する検討会が、一般的な用語や行政用語としては「痴呆」ではなく「認知症」が適当であるとの見解を示した。

157 生きる節目

三月のある暖かい日であった。教室の窓からぼやっとして空を眺めていたら、うとうとしてしまった。その時、どこからか歌が聞こえてきたように思えた。空耳だろうか。四月からは新たな生活が始まる。この時どんな歌が聞こえたのだろうか？

153-1　友を呼んだ

（類（るい）は友を呼ぶ）気の合った者や似通った者は自然に寄り集まる。

153-2　類《ルイ》（たぐい）稀《まれ》

（類い稀）非常に数が少なく、珍しいさま。めったにないことであるさま。

154-1　８分

154-2　飛んでも８分

（とんでも－ハップン）連語（「とんでもない」と、英語 happen を結びつけた語）「とんでもない」を強めた語。昭和25年（1950）前後の流行語。

好みも一緒？

158-1 双子の兄弟が居た。二人の共通して好きな食べ物は何だった？……これはソーセージだと言われる前に言ってしまおう。でも何故ソーセージが好きだったんだろう？

158-2 二人にとってソーセージはどんな味だった？

負けてはいられない

159 クロアゲハが飛んでいた。そこにキアゲハが飛んできた。クロアゲハは、この世でこの羽が一番美しいと誇らしげにひとこと発した。キアゲハは負けていなかった。私の羽が一番です。誰よりもこの色が一番目立つから……どちらも譲らず張り合った。こうした様子をひとことで言うならば何？

---

155 猫馬場《ねこばば》

(猫糞《ねこばば》)（猫が糞をしたあとを、砂をかけて隠すところから）悪いことを隠して素知らぬ顔をすること。また、拾得物などをこっそり自分のものとすること（既出）

156 瀬に原はかえられない

(背に腹はかえられない）目の前にある問題を切りぬけるためには、多少のぎせいや損害はしかたないというたとえ。

優しき者、汝の心は……

160 若いが勇気ある教師が居た。生徒に人気があった。そのクラスには恵まれない気の毒な生徒が居た。この教師は優しい人で、目の表情を豊かに話をするのだが、その生徒に話しかける時は目を半分に細めた。他の生徒達は教師がこの生徒を特別扱い、つまり依《え》怙《こ》贔《ひい》屓《き》していると思った。教師のこうした態度や感情を何と言うだろう？

腹には腹を

161 お笑い芸人がボクシングの試合もどきをした。ひとりが相手の懐の様子を狙っていたが、途中で冗談で飛び込んだら、相手も冗談のつもりのパンチを出して、それが腹に入ってしまった。冗談事ではなくなって、真剣のていを成してきた。腹をやられたからには腹に仕返しをした。結局互いに腹を打ち合って、二人とも倒れてしまった。さすがにお笑い芸人だと、観客は喜んだ。こんな様子を何と言うだろう？

---

157 仰げばうとうとし

（仰げば尊し）1884年（明治17年）に発表された唱歌。卒業生が教師に感謝し学校生活を振り返る内容の歌で、特に明治から昭和にかけては学校の卒業式で広く歌われ親しまれてきた。ニ長調または変ホ長調が多い。８分の６拍子で、編曲されたものが何種類か在する。2007年（平成19年）に「日本の歌百選」の１曲に選ばれた。

162-1 関わりを避ける

私の目前で起こった実話だが、大きな石の上でカマキリがトカゲを捕えようとしていた。不意をついてスズメ蜂がカマキリに突然襲いかかった。カマキリはひるむことなく立ち向かったが、どちらも引かない。私は目が釘付けになってじっと見つめていた。5～6秒の僅かな瞬間とはいえ死闘は、果たしてカマキリが突如、ぶ～んと音を立てて石の下の草むらに消えた。蜂は状況が飲み込めないのか、辺りをうろついてすぐに飛び去った。トカゲは喧嘩の最中に逃げて既に居なかった。カマキリは何を考えたのだろうか？

158-1 肉親

（肉親）親子・兄弟など、非常に近い血縁関係にある人。

158-2 腸旨かった（ソーセージは腸詰め）

（超旨かった）超は名詞に付いて、程度が特に普通以上であること、また、普通をはるかにこえたものであることを表す。「—満員」「—音速」俗に「超きれい」「超むかつく」などと副詞的にも用いられる。

159 蝶々発し

（丁々発止）激しく議論をたたかわせ合うさまを表す語。

162-2
スズメ蜂はトカゲにちょっかいをかけているカマキリを遠くで見ていて襲ったのか。或いは石の上でひと休みと思って降りたらカマキリが居たのか。どちらだろう？

もう見飽きてしまった

163
かつてスプーンを曲げる手品だか、念力だか、今もってわからない芸がテレビで盛んに放映された。その後スプーン曲げ少年が現れた。時が過ぎれば熱も冷め、人はもう見飽きたと言って今はもう無関心のようだ。この少年は故郷に帰って技の訓練をしているかも知れない。故郷は何処？

160　半眼びいき
（判官びいき　　はんがん　ほうがん）悲劇的英雄、源義経に同情する気持ち。転じて、弱者・敗者に同情し声援する感情をいう。

161　報腹絶倒（報復は仕返しをすること。）
（抱腹絶倒）腹をかかえて、ひっくり返るほど大笑いをすること。

164 坊や、そこで……しょうがないね。

毎年きれいに花を咲かせる菖蒲の庭園があった。この園の片隅に木彫の少年の立像があった。菖蒲と少年。菖蒲を見に来た人々は、この少年に何故か愛着を感じた。それでこの少年に名前を付けた。何？

165 体は人を表す

雨が降っていた。一人の男が傘も持たずにうずくまるように暗い路地裏をそそくさと歩いていた。この界隈にはそのころ空き巣狙いが徘徊するという噂が流れていた。パトロールが強化されていた。かれはその時呼び止められて尋問された。「盗みをしていないか？」「私を見て下さい。盗みなんかしていません」彼は何を訴えたかったのか。

162-1　カマっているとキリがない

166 決断の時

富山の薬売りが30年続けた行商を、年も取ったし、疲れも出てきたので辞めようと思った。得意先の家庭からは続けて欲しいと懇願された。別に仕事が嫌になったわけではないが、30年というのは長い年月だった。そこで彼は決心した。辞めたのか、続けたのか？

167 人の数だけ舞台あり

人は働いて金を得ながら、思い描く人生を設計する。設計図が大きくても、小さくても価値は同じだ。大人も子供もみんな自分の生きる舞台を持っていて、そこに出資しながら立ち位置を模索している。都会に家を買って生活したり、田舎に土地を買って畑を耕作したり、だから人は皆、金を出し、自分の人生舞台を監督している。ひと言で言えば何？

162-2 ハチ合わせだった。
（鉢合わせ）思いがけなく出会うこと。

163 大曲（おおまがり）
（大曲）秋田県中南部にあった市。……平成17年（2005）3月に周辺町村と合併し大仙（だいせん）市となった。

芸は身を助ける

168 中国に羽（う）さんというお笑い芸人が居た。非常に人気者で、いつも大取《おおと》りを務めた。ファンが多く、舞台寄席が終わった後には、必ずファンが羽さんのところに行って、名前にひっかけた羽物《はねもの》のプレゼントを贈った。何をあげたのだろうか？

めったにないこと

169 誰もが認める強いキックボクサーが居て、負けたことがない。だから打たれて怪我するようなこともほとんど無い。だが最近、試合中にふと気を緩めた瞬間に股間を蹴られて大事なところを怪我してしまった。その時観客は何と言っただろう？

---

164 菖蒲園小僧

（小便小僧）ベルギーの首都、ブリュッセルの中心部、ブラバント州庁舎近くにある、放尿する少年を模した彫像。1619年、彫刻家ジェローム・デュケノワが製作。２度のの盗難に遭っている。由来には諸説あるが、ブリュッセルを包囲した敵軍が城壁を爆破しようとした際、少年が導火線に小便をかけて火を消し、町を救ったという伝説が知られている。マヌカンピス。マネケンピス。

165 濡れ衣（ぬれぎぬ）

（濡れ衣）濡れた衣服。身に覚えのない罪をいうたとえ。

170 **大きい方が頼もしい**

女性同士が寄り集まると、太ったとか痩せたとか、美容談義になる。そんな時、初めから太っている人は、いちいちそんな話に加わることはない。噂の大風が吹いてもびくともしない。でも人が安堵してその人を頼るのは何故？

171 **成功への道は辛抱**

中学3年生で将棋の天才少年が現れた。果たして進学するのか、将棋界に専念するのか世間が注目した。結局、彼は畳の上ではなく、椅子の上での修行を選んだ。高校生活3年間は彼にとってどう捉《とら》えればいいだろうか？

166　厭《あ》きない

(商い)　売り買いすること。商売。

167　円出家

(演出家)　演劇・映画・テレビなどで、台本をもとに、演技・装置・照明・音響などの表現に統一と調和を与える作業をする人。

172 一流の極み

演芸場でお囃子《はやし》の名人が居る。この人は太鼓一筋に生きてきた人で、毎日練習を欠かさない。あさ6時に起きて、夜は10時に寝る。こうした生活の中で太鼓の練習は一日午前と午後、どのくらい行えば一流になるのだろうか。

173 何でもござれ

A子は八百屋を営むおかみさんで、俗に八百長だ。夫のB夫は脱税取締官の長で、いわゆる脱長だ。長がつけば常に偉そうというわけでもない。A子は話し上手で多少ずる賢く、八丁先まで声が届いているといわれ、B夫は都合上、力仕事が不得手だが、仕事を手分けるのは得意で、部下の誰にも劣らなかった。仕事初めには「よーし、一丁やるか」といってこれまでに八件解決した。この夫婦はどんな夫婦と言われたか?

---

168 羽滑稽《うこっけい》（おもしろい羽さん）

（烏骨鶏）鶏の一品種。小形で、絹糸のような羽毛で覆われ、羽色は白と黒があるが、皮膚・肉・骨は黒紫色。東アジアの原産。

169 偶《たま》（玉？）に傷

（玉に瑕《きず》（傷））それさえなければ完全であるのに、ほんの少しの欠点があること。

174 復興に身を捧げる人々

戦いが終わって、残ったものはごみと人々の虚しい心だった。放っておけば病気が蔓延すること間違いない。そこでひとまず人々はごみを処理した。疫病の心配はなくなった。戦い終わったその場所で、ごみ片付けをした人々のことを、世間は何と呼んで称えただろうか。

175 先に手を出した方が悪い

最近は小学校の教員にストレスが溜まって、休職、辞職の事態が多くなっている。保護者や生徒に責められ傷がつく。教員に反省すべきことはなかったか。もしあったとしても、先に挑発的に攻め込んだ方に問題がありはしないか。こんな保護者は何と言われてしまうか。

170　寄らば体重のお陰

（寄らば大樹の陰）身を寄せるならば、大木の下が安全である。同じ頼るならば、勢力のある人の方がよいというたとえ。

171　椅子の上にもう三年

（石の上にも三年）冷たい石の上でも３年も座りつづけていれば暖まってくる。がまん強く辛抱すれば必ず成功することのたとえ。

沈黙は金？

176 研修医は注射の打ち方を知っている。だが注射の下手な医師も案外と多い。そんな様子を指導医師には必ず報告しなければならない。こうした習慣は馴れ合いというのか、励まし合いというのか、或いは別の言い方があるのか？

ごみ戦争

177 富士山は日本一高い山として、また美しい山として登山客が多い。同時にマナーの悪い者も多く、ごみのポイ捨て問題で地元では困っている。人がいる限りごみとの戦いは終わらないかも知れない。地元の人はこのことを何と呼んでいるだろうか？

---

172 トコトンやる
（とことん）どこまでも。徹底的に。

173 口も八丁　手も八丁
（口も八丁手も八丁）しゃべることもやることも達者なこと。また、そのさま。口八丁手八丁。手八丁口八丁。

言葉の泉

178 若い人が「やばい」としきりに言う。立て続けに言われると、病的にも思える。「やばっ」とも言っている。不都合な時に言うものと思っていたら、「素晴らしい」と言いたい時にも使うようだ。言葉は生きて、動いている。気持ちが高揚した時に出てくる言葉だが、体のどこから出てくるのだろうか？

意気投合

179 平安末期から鎌倉初期にかけて、運慶という庶民的な仏師が居て、運さんと呼ばれ親しまれていた。現代に残るすぐれた仏像を彫って有名だが、当時はたくさんのお金が得られたか、或いは奉仕の精神で質素な生活をしていたかはわからないが、彼の生活費管理は、これまた仏師で有名な快慶（会計）がしていたかどうか、そんなダジャレは止めにして、運慶に見つめられた人は幸せになったという。何かまじないでもしたのだろうか。

---

174 洗浄の人々
（戦場）戦闘が行われる場所。

175 先生攻撃
（先制攻撃）先手をとること。機先を制すること。

180 信頼

彼はカーレーサーで運転技術は、誰もが認めるほどである。もちろん一度も事故を起こしたことはない。彼が車を走らせる時は、どんな気持ちだろうか?

181 魚の目に水が見えない?

春になって水が温んできた。鯉がたくさん泳いでいる。お互いに体をこすり合ったり、ぶつかったりしているが仲よさそうだ。傷ついているのも居る。餌をあげる人が近寄っても知らぬ顔している。この人は鯉の心を知っていて、今何が起こっているのかわかっていた。それで彼は餌をやらずに引き上げた。何を察知したのだろうか?

---

176 チクリ合い

(ちくり合い) 告げ口をする意の俗語。

177 富士の病

(不治の病) 決して治らない病気。

先輩と後輩

182 仲の良さそうな若い男女が居る。男は年上だ。女が親しげに「早く来い」と男に急《せ》かしている。この二人の関係をどう思う?

節度あっての話

183 お盆のようなもので前を隠し、人前できわどい芸というかどうかわからないが、単に人目を引く裸芸人が居る。人は服を着ているから、それを逆手に取った見世物だと思うが、決していいとは思わない。当然動物は服がないから自然体ともいえるが、それでも高級な毛皮を着て人間に対する当て付けのような動物がいる。何だ?

---

178 やばいは気から

(病は気から) 病気は、その人の心の持ち方しだいで軽くもなるし、また重くもなるということ。

179 運が向く (運慶が向く)

(運が向く) よい運が来るようになる。

評判がいいのだが……

184 ある国の軍隊の話だが、きれいな女性戦士が入隊した。銃を撃たせると必ず標的に命中させた。男の戦士たちに愛想よく、ということで大変受けもよく、愛されたが誰とも深い関係にはならなかった。この女性は何者なのか？

皆が皆、そうではない

185 警察官はガサ入れといって、家宅捜索をする。ある警察官はこの捜索が得意で、証拠となるものは捜し出す警察官として他の同僚からあだ名をつけられた。確かに性格も荒削りであり、何と言われたたか？

---

180 運、転に任せる

（運を天に任せる）物事の結果をそのときのなりゆきに任せる。

181 鯉は盲目

（恋は盲目）恋におちると、理性や常識を失ってしまうということ。

186 猫にも矜持《きょうじ》（プライド）がある

子供が猫の写生をした。一生懸命に描いた絵が、見たら顔が豚になっていた。その時、猫は描かれた自分の顔を見たが、急に何かを決心したようで、どこかへ行ってしまった。どうしたのだろうか？

187 鳥を飼う

「鳥を飼いたい」と子供が言った。親は「鳥は飼うのが大変で、世話がかかるし、お金もかかる。だからもっと大きくなったら飼いなさい。」子供が聞いた。「じゃ、いつになったら飼っていいの？」困った親は何と返事しただろう？

---

182 「来い」に上下の差別無し
（恋に上下の差別無し）恋愛感情には身分による上下の区別はない。
恋に上下の隔て無し。

183 チンチラ（メスは役不足で気の毒だ）
（チンチラ）齧歯（げっし）目チンチラ科の哺乳類。体長23～38センチ。毛は灰青色をし、きわめて細く柔らかで、密生する。尾は房状。南アメリカ、アンデス山脈の高地に分布するが、乱獲によって激減し保護される。毛皮用に養殖もされる。けいとねずみ。

188 男の生き甲斐？

ある町の町会議員選挙で、志を持った男が大きな公約を掲げて立候補した。応援者がなく、自分でポスターを貼り歩き、遊説では立派な演説をした。人々はこの公約は現実的ではないと言って、信用しなかった。どうしてだろう。彼のことを何と言ったのだろうか。

まとめて呼ぶのは難しい？

189-1 五つ子が生まれた。大きくなって、みんなよく似ているのでそれぞれの名前で呼ぶことができなくて、まとめて「五つ子ちゃん」と言えばいいところを、発音しにくいこともあり、また愛らしさを込めて呼び方を考えた。何？

189-2 大人になってそれではいけないと別の呼び方をした。何？

---

184 発砲美人

（八方美人）だれに対しても如才なく振る舞うこと。また、その人、非難の気持ちを込めて用いることが多い。

185 ガサつの男

（がさつ）細かいところまで気が回らず、言葉や動作が荒っぽくて落ち着きのないさま。

190 一番

歌舞伎役者たちがある日、山登りをした。頂上に一番早く着いたものには賞が与えられることになっていた。皆一生懸命に登った。軽装だが、登山スタイルで登った役者、半纏《はんてん》に草履《ぞうり》など、いわゆる歌舞伎スタイルで登った役者が居たが、結局賞を獲得したのは女形《おやま》だった。どんな賞を得たのだろうか？

191 和良（わら）さんの話

ある靴下製作会社に、和良さんという社長がいて、この人は出勤するときに必ず靴下を一足持って家を出た。帰宅する際に履き替えるためだった。この社長は年を取っても何故か髪がふさふさしていた。頭を使い、会社ひと筋に生きてきたこの人について、社員は何と言っただろうか？

---

186 豚面《とんづら》を決めた

（とんずら）〈「とん」は遁、「ずら」は「ずらかる」の略〉逃げること。ずらかること。

187 四十《しじゅう》から

（シジュウカラ）スズメ目シジュウカラ科の鳥。

192 息子の結婚

ある夫婦に二人の親孝行息子が居た。長男が結婚してフランスに行った。次男も刺激を受けたのか結婚してアメリカに行った。この夫婦にとっては嬉しいどころか、悲しいことだった。何故？

経験豊かで嫌われる？

193-1 海岸線を走る列車線が、山間を走る列車線と繋がった。便利になったが、それによって人々は知識や経験が豊かになって、悪事を思いつくようになった。そんな人々を世間は注目するようになった。どんな人たちと見られたのだろうか？

193-2 因みに海線の人は〈えび煎〉が好きだった。山線の人は〈温泉〉が好きだった。河線の人は、おしゃれで、常に自分を意識している〈水仙〉が好きだった。こんな状態は何といわれる？

---

188 貼ったり屋

（はったり屋）相手を威圧するために、大げさな言動をしたり強気な態度をとったりすること。またその言動。

189-1 五児らちゃん（ゴジラちゃん）

189-2 御仁《ごじん》らさん

（御仁）人を敬っていう語。おかた。現在では、ひやかしの気持ちを含んで用いることもある。

194 役者魂

東北地方にはマタギといわれる狩猟の一団がある。クマを狩るのだが、その中に歌舞伎の大好きな男が居た。田舎歌舞伎だが舞台で演ずることさえあった。それだけ好きな歌舞伎ゆえに、ある日クマを撃ちに行かずに、舞台セリフをやっと憶えて、舞台に上がった。うまく演じたものの、何か物足りない。マタギにとっては致命傷ともなる大事なことをしていなかった。何だったのか?

---

190 女形《おやま》の大賞

(お山の大将) 子供の遊びの一。山なりに盛られた土の上に数人が先を争って登り、先頭の者があとから来る者を突き落とし、「お山の大将　われ一人」と言って誇る。

191 二足の和良氏は禿げない

(二足の草鞋《わらじ》は履けない) 一人が、二つの仕事をする (ことはできない)。

195 金持ちの悩み

宝くじで一等を当てた夫婦が居た。もともと金持ちで、投資に関心もなく、その金を銀行に預けた方がいいのか、自宅に置いた方がいいのか、迷った。自宅に置けば自由に使える。だがオレオレ詐欺が頻繁なので、銀行に相談した。銀行員は家に置くことは、盗まれるかも知れないと危惧した。結局銀行員は、家に置くことは何だと言って、預金することを勧めたのだろうか?

---

192 一男去ってまた一男

(一難去ってまた一難) 一つの災難が過ぎてほっとする間もなく、また次の災難が起きること〉

193-1 海線山線《うみせんやません》

(海千山千)〈海に千年、山に千年すんだ蛇（じゃ）は竜（りゅう）になるという言い伝えから〉世間の経験を多く積み、物事の裏表を知り抜いていて悪賢いこと。また、そのような人。したたか者。海に千年山に千年、海千河千。

193-2 せん差万別

(千差万別) 種々さまざまの違いがあること。千種万様。せんさまんべつ。

196 時には迷惑？

灰汁《あく》の強い女が居た。決して美人ではないが、酒が好きで何でも飲んだ。飲むと性格が変わって人情深くなったり、時には有難《ありがた》迷惑だったりする程であった。ところがこの女には、何故か飲めない酒があった。どんな酒だったか？

197 自分には何ができる？

隠れた能力を潜在能力という。人はこの能力を自覚せぬまま生きていることが多いが、とにかく何かに一生懸命努力すれば他人とは違う能力に気が付く。人には必ずその人の能力があって、その宝物が錆びついているだけである。1000人居れば、1000の宝物がある。努力の最中に、ある時、自分との出会いを意識することがある。その人にとってその瞬間は何なのか？

---

194 クマ取り

（隈取《くまど》り）歌舞伎で、人物の性格や表情などを強調するために施す化粧法。赤・青・黒色などの線で顔面を彩ること、またその模様。

夏の日の出来事

198-1 夏のある晴れた暑い日であった。野外でビーチパラソルを立て、数人の男女がバーベキューをしようとしていた。ひとりが来れるかどうかわからないけれどと言って、古酒だという高級そうなワインを一本差し入れた。食事会も始まって、ワインを開けたが、味が酸味を帯びていて、他の酒に切り替えた。果たしてそのワインを差し入れた友は、来たのだろうか？

198-2 ところで彼らは一体どこでバーベキューをしていたのだろうか？

恨み

199 鰻のかば焼き名人が居た。優しい人柄で、釘を刺して腹を裂くのは惨《むご》いと感じつつ、鰻供養はするものの、鰻に恨まれているだろうとは常々思っていた。ある日夢を見た。鰻のひげに刺されそうになって必死に抵抗している。その時の彼はどんな様子だろうか？

---

195 厳禁

（現金）手持ちのかね。その場で受け渡しをすることのできる金銭。
　　また、その場で受け渡しすること。キャッシュ。

200 腹いっぱい

盛岡地方に、搗《つ》いたそばを、わんこそばといって客が断るまで椀《わん》に投げ入れて、空にならないようにもてなす名物がある。椀は小さいが、格付けがあって横綱級は150杯とか。これをそばの代わりに豆腐で試した人が居た。何丁食べて、もう胸が一杯だから結構と言ったか?

201 サラリーマンの転勤

外資系の大手会社では、海外に飛ばされる。どこに行かされるか悩んでいるサラリーマンは多いはず。赴任の地が嫌な場所だと、悩み込んで気がおかしくなる。そんな症状を何という?

---

196 灰汁女《あくじょ》の不可な酒
（悪女の深情け）醜い女のほうが美人に比べて情けが深いということ。また、ありがた迷惑のたとえ。

197 潜在（千賎）一遇
（千載一遇）千年に一度しかめぐりあえないほどまれな機会。

202 押しが強いと負ける?

5里（20キロ）を走れば体力的に限界と言われて、人はそれ以上走らなかった。五里夢（霧）中で走ってきた男が、そんなことないと更に6里まで走った。それでもまだ平気だった。それを見ていた人は引き下がり、何と言っただろうか?

203 どんなタイプの人?

どこにでもよくふざける性格の人が居る。わざと反対のことを言ってみたり、笑わせようと突飛なことを言ってみたりする。ノリノリの中でちょっとチャラっぽい男が2＋3はと聴かれて、にやりと笑いながら6と答えた。この男は本当に頭が悪いのか、それとも愚かを装って受けをねらったのか。どんな人だと考えられるか?

198-1 酸化した

（参加した）ある目的をもつ集まりに一員として加わり、行動をともにすること。

198-2 傘の下（酸化）

（傘下《さんか》）全体を一つの勢力としてまとめる指導的な人物や機関の下で、その統制・支配を受ける立場にあること。

199 うな刺されている

（うなされる）恐ろしい夢を見るなどして、眠ったまま苦しそうな声を立てる。

204 女房はどんな旦那でも信頼する？

じゃんけん大会があった。勝ち進むごとに賞品が出た。ある夫婦が参加した。さほど乗り気ではない旦那が遠くから合図を送り、それを女房が実践した。3回勝てば、次のステップに進むことができた。旦那は一回目はグーを送った。勝った。二回目もグーで勝った。どうでもいい旦那は三回目もグーを送った。女房は正直にグーを出したが、負けてしまった。チョキでよかったのに、もう仕方なかった。この旦那は普段から無精で、機転のきく人ではなかった。この女房が信頼している旦那は、世間では何と呼ばれるか？

---

200 （胸突き）八丁

（胸突き八丁）富士登山で頂上までの８丁（約872メートル）のけわしい道。転じて、急斜面の長い坂道。物事を成し遂げる過程で、一番苦しい正念場。

201 任地症

（認知症）成人後に、脳に損傷を受けることによって認知機能が低下する状態。

205 自然体で生きる

キリギリスが鳴いていた。そこに一匹のアリが大きな荷物を持ちながらやって来た。そしてキリギリスに言った。「冬に備えをしなさい。」と。アリは食料を運んでいた。次にまたアリがやって来て、同じことを言った。キリギリスは当たり前のことだと思って耳を貸そうとはしなかった。キリギリスにとってアリの行動は何だった？

206 謝罪

タバコ製造工場といっても、そこで働いている人の中には、タバコの嫌いな人も居るし、施設内は禁煙である。ある愛煙家がこの工場を見学した。吸わずに我慢していたら、急に眠くなって、ふらついた。その時誰かが急いでやって来て、「ここはタバコが吸えないので、私も……」と言いながら、しきりに申し訳なさそうな顔をした。誰だろう？

202　六里《むり》が通れば道理が引っ込む

（無理が通れば道理が引っ込む）道理に外れたことが幅をきかすようになると、正しい事が行われなくなる。

203　６でなし

（ろくでなし）のらくらしていて役に立たない者。

207 才あり

木工技術の素晴らしい人がいて、この人は徳利を作らせたら右に出る人は居ないほど、世間が認めていた。礼儀作法も正しいし、行いも手本だった。名前はもちろんあるのだが、人は彼のことを木の徳利を作る人という意味で、短くその人を愛称で呼んだ。何と言ったのか？

208 名人の立ち位置

三味線大会でグランプリを獲得した彼の右手は神の手、つまり神手とまで言われたが、合奏の時は客席から見て常に左端（下手）に置かれた。それでも聴衆は彼が一番の演奏者だとわかった。何故？

204　パーではないグーたら亭主

（ぐうたら）気力に欠けていて、すぐ怠けようとすること。無精でいいかげんなさま。また、そういう人。

209 不景気の風の吹くところ

観光地に行った。駅前に商店がずらりと並んでいる。繁盛している店もあるが、最近の経済事情で危なそうな店もある。よく見れば不思議と景気のいい店と悪い店が偏《かたよ》っている。景気の悪そうな店は駅からどの方向に集中しているのだろうか。

210 とにかく忙しい

彼は売れっ子の作家だった。作品は大いに売れて収入も多く、生活の心配は全くなかった。夏の暑い日だったが、原稿の締め切りが近づいていた。扇風機をつけたり、冷房をかけたりすることさえ気が付かず、暑さを忘れて一心に作品を書いていた。片手では間に合わなくて、両手を使っていた。右手にはもちろんペンだが、左手には何を持っていたのだろうか？

---

205 アリ来たり

（在り来たり）珍しくないこと。ありふれていること。また、そのさま。

206 睡魔《すいま》（吸いま）（せん）

（睡魔）引きずりこまれるような眠けを魔物にたとえていう語。

211 粋な自己紹介？

佐藤という人は、酒が大好きであった。ある日、高貴な著名人が集まるパーティーに出席した。酒が振る舞われ、杯を酌み交わしながら互いに自己紹介しあった。彼は自分が呑み助だというのを憚《はばか》って、ひとひねりして紹介した。何と言ったか？

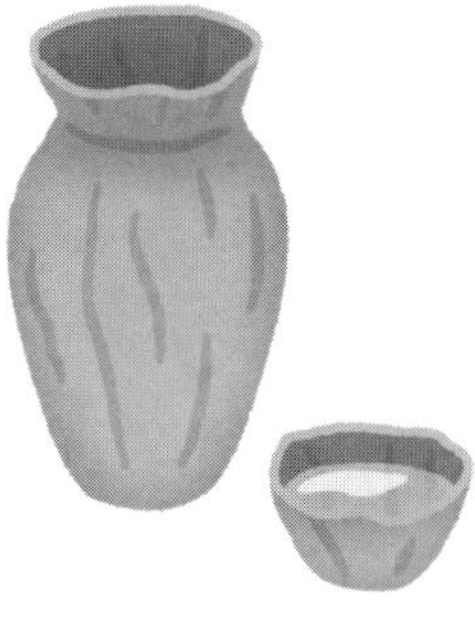

207　木徳《きとく》の人

（奇特な人）言行や心がけなどがすぐれていて、褒めるに値する人。

208　右に出る者が居ない

（右に出る）その人以上にすぐれている。

親の目からは逃げられない

212-1 子供がビールを飲もうとしていたら、親に見つかった。その時子供はどうしたか？

212-2 そこで子供はうろたえ、ふーっとため息をついて逃げた。その様子は何？

212-3 その後、親に会うと叱られると思って遊びに行ってしまった。何故？

212-4 結局、子供に泡を吹かせた親だった。おしまい。

心の中は傷ついている

213 野生の動物は、人間が武器を持って殺生《せっしょう》を始めたために、僻地《へきち》へ避難し、じっと耐えている。本来の自分たちの自然の居場所があるのに理不尽に追いやられ、仕方なく平気を装って暮らしている。この動物たちは毎日どんな思いなのか？

---

209 左前《ひだりまえ》

（左前）運が傾くこと。経済的に苦しくなること。左向き。

210 左団扇《うちわ》

（左団扇）利き手でない左手でゆうゆうとうちわを使うこと。転じて、安楽に暮らすこと。ひだりおうぎ。

214 性格の違い

悪事は千里を走るという。A子はファンも多い有名人だが、悪い噂も絶えなかった。だから千里四方の人が彼女のことを知っていて、千里子《ちりこ》とあだ名されるほどだった。親友のB子は質素でおとなしく、ゴルフの芝のグリーンを整備する仕事を続け、グリ子と呼ばれて知る人ぞ知る存在だった。知名度においては雲泥の差であったが、ある時二人が再会して抱き合うことがあった。A子ははしゃぎ、B子はおとなしかった。見ていた人は何と思ったか?

211　左党《さとう》です。

（左党）酒好きな人。酒飲み。ひだり党ともいう。

鑿（のみ）は木材・石材・金属などに穴をあけたり、溝を刻んだりするのに用いる工具だが、右利きの人は左手に鑿を持ち、右手の槌で鑿の柄頭を叩くことから、左手は鑿の手（のみて）、即ち飲み手に通じ、左党となった。

都電での出来事

215-1 かつて東京には至る所に都電が走っていた。ちんちん電車と言われたが、別に女性が乗っても構わない。発車の時に車掌が鐘をちんちんと鳴らすことからそう言われたのだが、ある時ひとりの年寄った多少認知症気味のかもしれない品のある女性が乗った。清楚で品のある女性だったが、車掌が回ってきて「運チンを……」と言ったら、その女性、「あいにく持ち合わせておりません」この女性は耳が遠くて「運チン」の「運」の音声が聴き取れなかった。この会話を聞いていた周りの人は何を察したのか変なことを言った。何と言った？

215-2 そこにいた一人の男性が、助け船を出した。何と言った？

212-1 泡食った

（泡を食う）驚きあわてる。

212-2 泡で（慌て）ふーためく

（慌てふためく）思いがけない事に出会って、落ち着きを失ってうろうろする。うろたえる。

212-3 泡す（合わす）顔がなかった。これ無理なこじつけ感あり畏縮!!!

（顔が合わせられない）面目なくて会えない。合わせる顔がない。

212-4 （泡を吹かせる）人を驚かし、あわてさせる。

213 野生我慢

（痩せ我慢）無理に我慢して、平気を装うこと。

216 手段を選ばず

洗濯屋の娘で、評判の色白美人が居た。クレオパトラの再来か……とまでは言わないけれど、人が振り返ってみるほど綺麗だった。色白は七難を隠すと言われるが、この人は七難どころか、美人ゆえに苦難続きであった。もう苦難は嫌だからどうにかして次の難は避けたいと考えた。洗濯屋だけに今までのことはすべて洗い流して忘れようとした。使った手段は何？

217 人はプラス・マイナス・ゼロ

人が頼りとするのは、神か仏かイワシの頭か……？まずは何でもいいのだが、あれもこれもとなると、知恵が豊かになって皆が賢い人ばかりに見えてくる。人はそんなに徳を得ているわけじゃない。頼るものはひとつでいいから、その方が人間的ということではないだろうか。生まれた時は神前で、結婚式は十字架の前で、葬式は仏前でというのは昔の人は仰天するだろう。今は通用しないかも知れない言葉とは何？

---

214 千《ち》・グ・ハグ

（ちぐはぐ）二つ以上の物事が、食い違っていたり、調和していなかったりするさま。

優先順位

218 経済（エコノミー）と自然環境保護（エコロジー）を優先しなければならないと考える人々に対して、そんなことよりはまず憲法改正をしなければならないと唱える人々は、なんと言って彼らを非難するだろうか？

きれい好き

219 ある男が生まれつきとはいえ、きれい好きで、シャツはもちろん下着までも必ずクリーニングに出した。その出費もかなり嵩《かさ》んで生活費に食い込んだ。だが自宅で洗濯しようとする意識は全くなかった。出費を抑えるためにも彼に思いつかせたいのは何か？

215-1 無チン乗車
(無賃乗車) 賃金・料金を払わないで、乗り物に乗ること。

215-2 私が持ち合わせています。彼女の代わりに出しましょうか？

220 散らかしたら片づける

鳴き声の素晴らしいカラスが居て、人はマリアと呼んでいた。ああと思う人も居ると思うが、話はこれから。このカラスは食べ物を食い散らすことでも知られていた。ところがこの散らかった食べ物をある鳥たちが、時には十羽以上もきて、きれいに片づけた。この奇特な鳥は何？

216　十難剤

（柔軟剤）洗濯後繊維に柔軟性を与えるための仕上げ剤である。同時に、帯電防止のためにも使われる。

217　天は二仏を与えず

（天は二物を与えず）天は一人の人間に、それほど多くの長所を与えることはしない。

現代では美男・美女でしかも頭が良くて、気も利くし、人付き合いもよく、優しくて、男は力持ちで、……三物も四物も持っている人が多い。天は何をしたんだろう。まったく。羨ましいことだ。

221 世界を股に掛ける

小学生の世界ピンポン大会が半年後にヨーロッパで行われることになった。A君はたいそう小柄で、きゃしゃで、大きな荷物を運ぶのは不得手だ。スポーツも学業も優秀で、授業を休むことができない。試合直前に現地入りすることに決めた。それはそうとして衣類や道具など、必要品を現地にどのように運ぼうかということを考えねばならなくなった。船で送ってもいいが、途中で紛失しても困るので、前もって飛行機で送るか、或いは自分で持って行くかに絞った。結局決めた方法は何か？

222 人の物は人の物

金のない人が金持ちから金を盗んだり、強奪したりすることを可とする人々が居るらしいが、本来、金のない人が人を脅して金品を奪うことはもってのほかだ。何と言うか？

---

218 エコひいき

（依《え》怙《こ》贔《ひい》屓《き》）自分の気に入ったものだけの肩をもつこと。

219 洗剤意識

（潜在意識）精神分析などで、活動はしているが自覚されない意識。

223 看護

その夏は例年になく暑かった。A子の母が熱中症で倒れ、入院した。回復が遅れてなかなか退院できない。心配したA子は、幾度も幾度も母のもとへ足を運んだ。A子の行動は何と言う？

224 悲しい？

急に言われて従った。お鈴《りん》を叩いて一分間、黙祷。鐘を叩いて一分間、黙祷。この二分間の黙祷は何だった。

---

220 十始末

(十《じゅう》姉《し》妹《まつ》) カエデチョウ科の鳥。スズメより小型。中国でコシジロキンパラ（ダンドク）を改良してつくられたといわれる飼い鳥。

225 すご腕

昔、優れたガラス職人が居た。ある日、まっすぐな棒ガラスに熱を加えたら思わぬ形に湾曲してしまった。慌てて元に戻そうとしたが、だめだった。捨てるにはもったいない。そのまま装飾品に使われた。何？

226 とどの悲話

魚のボラの話ではない。動物のとどの悲恋物語。あるとどが恋をした。彼女にぞっこんであったが、ある日彼女はまた来ると言って彼のもとを去って行った。彼は毎日待ち続けた。しかし彼女は帰ってこなかった。悲しみのあまり、病気になった。恋やつれもした。だが仲間には隠していたものの、物言わずは腹膨《ふく》る技なりというように、腹が膨《ふく》れてきた。だがこの腹膨れの原因は、失恋のためではなく単に便秘のためだった。そんな物語の結論を、悲恋とは無関係に何と言う？

---

221 卓球便

（宅急便）宅配便の商標名。

222 貧乏強請《ゆすり》

（強請・揺すり）おどして金品を出させること、また、その者。

（貧乏揺すり）座っているとき、絶えずひざを細かく揺り動かすこと。

227 **鍋料理**

ある新婚カップルの話だが、寒い冬の日の夕食に、二人の好きな水炊き料理をした。煮た物が暑くてすぐには食べられない。二人はどのようにして食べたのだろうか。別に特別な食べ方があるわけではないが、二人とも口を極端にすぼめて息を吹きかけて食べた。二人はどんなカップルだと思う？

228 **日常の出来事**

もとサッカー選手のA子は結婚して子供がいるが、ある日庭で子供とボールを蹴って遊んでいた。A子が蹴ったボールが、たまたま庭を歩いていた義母にぶつかってしまった。気の強い義母は黙っていなかった。「貴方がボールを蹴ったのがいけないのよ」この言い分をどう捉《とら》えればよいのだろうか？

223　しょっちゅう見舞い

（暑中見舞い）暑中に、親戚（しんせき）・知人などへ安否を尋ねること。また、その手紙。

224　チーン分カーン分

（ちんぷんかんぷん）何が言いたいのかわからない。

229 早く歩けるようになりたい

聴覚というのは一番大事な感覚と言われる。まだ歩けぬ赤ん坊だが言葉はわかる。それで人の言うことは何でも素直に気持ちよく、受け入れているようだ。どうしてそんな赤ん坊の気持ちがわかるのか？

---

225 曲がったまま

(勾玉《まがたま》) コンマ形に湾曲した弥生・古墳時代の装飾用の玉。丸い部分の貫通孔にひもを通して首飾りとした。瑪瑙（めのう）・翡翠（ひすい）・水晶・琥珀（こはく）・ガラスなどで作った。獣類の歯牙に孔（あな）をあけたものに起源をもつといわれ、縄文時代にも不整形のものがある。

226 とどの詰まり（便秘）

（とどのつまり）〈ボラは成長するとともに名称が変わり、最後のトドという名になるところから〉いきつくところ。結局。多く思わしくない結果である場合に用いる。

230 励まし合って出世する？

A夫は若いころから毛が薄かった。いずれ無くなるだろう。というのは先祖から7代続く禿頭《とくとう》（はげあたま）の家系で、誰もが優秀であった。ただ生まれた時から全然毛のない先祖がひとり居たという。

この人だけは特等（禿頭）級で、成績は芳しくなかったとか。それで周りから「この禿げー、違うだろー」と言われたとか、言われなかったとか……。禿頭は出世のシンボルとして、A夫は自信と誇りを持っていたし、妻もそれを信じていた。しかし8代目となるA夫の息子は禿げることもなく、優秀で実力ある人ではなかったが、出世街道を歩んだ。世間はこの息子をどう思ったか？

---

227 煮た物フーフー
（似た者夫婦）夫婦は互いに性質や好みが似るということ。また、性質や好みが似ている夫婦。

228 嫁とシュート
（嫁と姑《しゅうと》）姑：夫の母。しゅうとめ。

231 歌舞伎の世界でも？

女形《おやま》は歌舞伎で女の役を演じる男の役者だが、ある売れっ子の名女形は日常において男が好きなのか、女が好きなのか。結局自分が一番いいと思っている。それを何と言う？

232 勝負の分かれ目

レスリングの試合で、両者が揉みあい、絡みあいでなかなか勝負が決まらなかった。観客の応援も熱がはいった。ところがわからぬところで、審判の旗が上がり、試合は終わった。何があったのだろうか。

---

229 はいはい（している）
（這《は》い這《は》い）這うことの幼児語。

233 照準を定めよ

芸術祭と称して、美術、彫刻、骨董など芸術的なものを集めて、展覧会を催したが、出品が多すぎて収拾がつかなくなった。終わって評判は悪かった。この事態を人は何と言ったか。

234 １００％は信じるな

たいそう気の弱い男が恋をした。どうしてよいかわからなかった。そこで友人に相談した。友人は彼に大げさに指南した。彼は到底不可能なことばかりを言われて、更に悩んで、ある日ばったりと倒れてしまった。その友人も最初は彼とは似たり寄ったりであったのだが、その時に彼にきかせたのはその倍もある話だった。それは何？

---

230 親の七光り

（親の七光り）本人にはたいした実力がなくても、親の地位や財産のおかげで出世すること。

235 仕草でわかる頭の良さ

春が来て、木に芽が出てやがて花が咲き、蜂が飛んできて、まず芽に留まったが、すぐに花の方に飛んで行った。抜け目のない頭のいい蜂だった。何故わかる？

236 同系色

ラーメン屋の看板を掲げて店を営む夫婦が居た。夫はチャーシューラーメンを得意とし、チャランの腕利きと言われ、女房はポークラーメンを得意とし、ポランの腕利きと言われた。ふたり合わせてチャラン・ポランだった。更に二人は肉じゃがの煮物も得意で、その日の気分によって客に提供した。結構客には人気があって繁盛した。客はこの二人をどのように捉えていたか？

---

231 女形の大将

（お山の大将）子供の遊びの一。山なりに盛られた土の上に、数人が先を争って登り、先頭の者があとから来る者を突き落とし、「お山の大将われ一人」と言って誇る。狭い範囲の中で自分が一番だと得意になっている人のこと。（既出）

232 肩が着いた

（方《かた》が付く）処理すべき物事が落着する。決着がつく。

歌がうまくなりたい

237-1 彼はカラオケ教室に通っていた。歌うことが大好きなのだが、音域が狭い。悪戦苦闘してもオクターブ上のミまで声が届かない。周りの人が何と言った？

237-2 そこで先生に指導を受けた。気持ちをちょっと上向きに変えるだけでいいと言われ、その指導に従った。やがて声が出るようになった。何をしたからうまくいったのか？

237-3 それでその人は自分がカラオケ上手になったと思った。でも周りは冷静だった。彼のことを何と思ったか？

隠し事は吐き出せ

238 社長Aは酒が好きだが、飲むと崩《くず》れる。ある酒の席で酒をひっくり返してしまった。社員は同席するのが辛かった。社長は「すまん」と言ってぶつぶつと普段言わない思いを語り出した。この社長の話は何？

---

233 アートの祭り
（後の祭り）すんでしまって、もうどうにもならないこと。

234 は（八）ったり（二たり四ったりで八たり）
（はったり）相手を威圧するために、大げさな言動をしたり強気な態度をとったりすること。また、その言動。

239 何でも知っている人？

帽子や頭巾などのような被《かぶ》り物について知っているデザイナーがいた。彼は被り物なら何でも知っていると豪語して、時々講演も行った。だが本当は彼はかつら職人だった。帽子については、趣味が高じてそこそこ知っている程度であった。人から聞かれても、まことしやかに返答した。彼はどういう人なのだろうか？

240 くじけずに立ち向かう

その年は天候に恵まれて、地域のりんご農家にとっては収入増が見込まれていた。ところが台風が来て、実ったりんごが落ちてしまった。あまりのショックに立ち直れない農家があった。今後のことを考えれば、いつまたこんな目に合うかと思い、もうりんご栽培は止めようかというわけだ。だがそんな時こそ困難を恐れず頑張ろうという気持ちを奮い立たせ、雨にも風にも負けないりんご作りをむきになって考えた。その結果考えたやり方は何？

---

235 芽から花へ抜けた

（目から鼻へ抜ける）非常に頭の働きのよいさま。また、抜け目なくすばしこいさまをいう。

236 煮た物夫婦

（似た者夫婦）夫婦は互いに性質や好みが似るということ。また、性質や好みが似ている夫婦。

241 男なら……

20代の男性に彼女を持った経験のある人、ない人という二者択一のアンケートを行った。彼女を持つということが、いかに人生を豊かにするかという説明用データを得るためのアンケートだったが、結果は10人中、持ったが0、持たないが10であった。このアンケートを実施した男性は、全く予想外の数字に愕然として何といったか?

237-1 悪戦ミに着かず

(悪銭身につかず) 悪いことをして手に入れたお金は、むだに使ってしまって、すぐになくなるということ

237-2 ミの上相談

(身の上相談) 一身上のことについて相談して助言を求めること。

237-3 ミの程知らず

(身の程知らず) 自分の身分や能力などの程度をわきまえないこと。また、そのさまや、その人。

238 ぶっチャケ(酒)話

(ぶっちゃける)(「ぶちあける」の音変化)「打ち明ける」を強めていう語。

242 裏にあっても表には無い

一軒の立派な家があった。玄関前の広い庭には植木も花も何もなく、殺風景だった。裏側の方には果樹木があり、車庫もあった。隣り近所とは景観が違っていた。しかしそこの家族は人柄も良く、人の出入りも多かった。この家の、表側には何も置かないけれど、来客歓迎という生活信条は何なのか？

243 人は察知する

A子とB男は婚約している。しかし時々些細なことで喧嘩する。最近A子から何の連絡もない。B男は何かを感じている。何か？

---

239 知った被り物（者）

（知ったか振り）本当は知らないのに、いかにも知っているようなそぶりをすること。また、その人。知ったぶり。

240 勇気栽培

（有機栽培）化学肥料や農薬を控え、有機肥料などを使って農作物や土の能力を生かす栽培法。

244 **得な買い物**

骨董市《こっとういち》で皿が売られていた。見れば絵柄もよく、由緒ある一品と見込んだ。値段は数万円もしなくて、これは掘り出し物と思って買った。5000円にしてはいい買い物をしたと思った。その時の気持ちは何か？

245 **すべて同じではない**

糸をピンと張った。更に引っ張ったら切れた。ところがいくら引っ張っても切れない糸もある。糸にも強い極上のものから弱い貧弱のものまであることがわかった。それで言えることは何か？

241　持った居ない（彼女がいないなんて、もったいない）

（もったいない）有用なのにそのままにしておいたり、むだにしてしまったりするのが惜しい。

お笑いということでお許しを……

246 大変失礼な言い方をして申し訳ないが、決して美人ではないある女性が、スーパーマーケットで卵を買って帰る時、道路の段差にけつまづいて転んでしまった。卵の殻が多少欠けたが、そのおかげで転がり散ることはなかった。これを見た人は何と言ったか？

真面目ひとすじに……

247 長い人生を歩んできた男性が、結婚もせずに一心に仕事をしてきた。もちろん子供はいない。この人の歩みの跡を何と言う？

---

242 表無し

（おもてなし）「もて成し」客を取り扱うこと。待遇。

243 無視の知らせ

（虫の知らせ）よくないことが起こりそうだと感じること。

おしゃべり

248-1 若い女性が3人以上集まっておしゃべりしていた。普段から気の弱い男性だったが、かなり耳障りになったようで、多少興奮して「やかましいっ！！！」と言うつもりだったが、突然舌がもつれて出てしまった言葉は何だった？

248-2 意外な言葉が出てしまった男は、一瞬自分が威圧的過ぎて、あつかましいと反省したが、女性たちは心が「ううっ」と押し付けられて、どんな気持ちになっただろうか？

雨が降らない、困った。

249 その冬は全く雨が降らずに人々は困っていた。手や顔のように空気に触れるところがガサガサになってくる。ある化粧品会社が皮膚を滑らかにするという薬を考え、人に試して意見を聞いた。この化粧品会社が知りたかったのは何か？

---

244 万皿でもない
(満更《まんざら》でもない) まったくだめだというわけではない。必ずしも悪くはない。またかなりよい。

245 ピンから切れまで
(ピンからキリまで) 始めから終わりまで。また、最上から最低まで。

250 **無念無想**

禅僧は座禅に入ると、無我の境地に入り、無心になってすべてに関心がなくなるという。その時禅僧の心中に去来する心象は何か？

251 **豚にも矜持《きょうじ》（プライド）あり**

豚の品評会があった。豚にも顔のきれいな美豚と、多少崩れた準美豚がいて、人の世界と同じである。美豚といってもどこかのブランド皮製品ではない（ビトン）。ではどんな顔が豚らしいのか。Ａの豚は目元がパッチリしていた。Ｂの豚は鼻筋が通っていた。Ｃの豚は口がおちょぼ口だった。その他の豚たちも皆個性があった。Ｂの豚が予想では優勝の目算が強かった。しかしＢは恥ずかしかったのか、怖気《おじけ》づいたのか、途中から消えてしまった。ほぼ優勝を決めていたのにどうしたのだろうか？

---

246 転んブスの卵

（コロンブスの卵）〈大陸発見はだれにもできると評されたコロンブスが、卵を立てることを試みさせ、一人もできなかった後に卵の尻をつぶして立てて見せたという逸話から〉だれでもできそうなことでも、最初に行うことはむずかしいということ。

247 道程

（童貞）まだ異性と肉体関係をもったことがないこと。また、その人。ふつう男性にいう。

252 狸は何でも知っている

いろいろな格好をした狸の置物が、ショウウィンドウに並んでいた。売り物としてすべてに値段が付いていた。安いものは500円、高級なものは数万円。道行く人々が覗き込んで、狸評《たぬきひょう》をしていった。それで喜ぶ狸もいれば、腹立つ狸もいて、それぞれ喜怒哀楽の狸たちだった。それにしても何故狸たちが人の様子が分かったのか？

253 御礼の品

お歳暮に洋菓子を送ったら、お返しが来た。うどんとおでんだった。洋風と和風で逆だった。このようなことは日常よく起こるのだが、こういう場合、普通何と言っているか？

248-1 かしましい
(かしましい) 大いに耳障りである。やかましい。かしがましい。

248-2 ううっとましい
(疎《うと》ましい) 好感がもてず遠ざけたい。いやである。いとわしい。

249 感想肌
(乾燥肌) 湿気や水分がなくなった肌。

254 遅かった決めの一手

将棋で攻めにまわり、歩を刺すべきところを弱気だったがゆえに敢えて刺さなかった。いざ勝負時に、そこに歩が居なかった。棋士はその時逃したあの一手の意気地なさに後悔した。自分が何だと思ったのか？

男か、女か？

255-1 ナイチンゲールは女性で看護師だった。アルチンボルトは男性で画家だった。それは誰もが当然と想像するところだ。ところでマルチン・ルターは男性だったのか、女性だったのか？

255-2 それではシーボルトは男性だったのか、女性だったのか？周りの人に聞いてみた。反応は？

---

250 放っとけ

（仏）悟りを得た者。仏陀（ぶっだ）。特に釈迦（しゃか）のこと。

251 豚面《とんづら》を決めた

（とんずら）（「とん」は遁、「ずら」は「ずらかる」の略）逃げること。ずらかること。（既出）

借金したものの……

256 商売に失敗し、多額の借金をした男が一時の間に合わせに小さな家を借りた。世間にうしろめたく、普段は胸を張って堂堂と歩いていたのだが、その時だけは小さくなって歩いていた。彼が住んでいる家のことではなくて、彼の日常の姿を人は何と言ったか？

キリンの恋心

257-1 キリンが風邪をひいたら大ごとだ。喉が痛いとしたらどのくらいの範囲が痛いのだろうか？

257-2 首ったけで分かったが、キリンは恋する動物なのだ。不リンかどうか判らぬが、常に恋していると言える。何故？

---

252 狸値入り
(狸寝入り) 眠っているふりをすること。空寝（そらね)。

253 どんでん返し
(どんでん返し) 正反対にひっくり返すこと。話・形勢。立場などが逆転すること。

258 子宝

子供は一家にとって夢であり、宝である。ある夫婦の話だが、夫は夜勤で昼間に寝ていた。奥さんは昼間働き、普通に夜に寝ていた。すれ違いの生活ゆえに二人は子供が欲しかったが、長い間授からなかった。その年も終わるころ、いつものようにクリスマスがやって来た。二人はサンタクロースに子供が欲しいと願った。サンタクロースは答えて言った。何と？

259 相撲取り

ある幕内の力士が飲み過ぎて悪酔いした。翌朝になっても吐き気がしたり、頭痛があったり、酔いは醒めていなかった。それでも朝の稽古は欠かせない。そんな状態ではあったが、朝稽古に臨んだ。どんな様子であったか？

---

254 歩が居ない

（不甲斐ない）情けないほど意気地がない。まったくだらしがない。

255-1 中世の人

（ルター）［1483~1546］ドイツの宗教改革者。

255-2 誰もひとことも声を出さなかった。（シーッ！）

（シーボルト）［1796~1866］ドイツの医者・博物学者。1823年、オランダ商館の医師として来日。

260 お茶は体にいい

ある茶の専門家が、茶は健康に効果があることを広めるために、茶の効能ということで講演会をした。健康づくりのための飲み方、量、保存の仕方など細々《こまごま》したことを長々と話した。さすがに研究者だけあって、微に入り細を穿《うが》った話を聞いた聴衆は感心した。この専門家にとっては、講演の内容についてはとりわけ難しいことでもなかった。何故？

261 お構い

世間にはお構いなしの人が居る。ある時、夜中に野外で騒いで近隣に迷惑をかける者達が居た。人は口を出せずに困っていた。そんな時、お構い無しをお構い有で解決しようと何者かが複数でやって来た。一声で連中は体が張り裂けて、慌てふためき逃げて行った。一体何者が来たのか？

256　世を忍ぶ借りの姿

（世を忍ぶ仮のすまい）世間の人の目を避けて隠れる、間に合わせのすまい。

257-1　首ったけ

（首ったけ）（首の高さまで深くはまり込む意から）ある思いに深くとらわれること。特に、異性に心をひかれ夢中になること。また、そのさま。

257-2　首を長くしている

（首を長くする）期待して待ち焦がれる。

262 細かいことだけど……

日常生活の中で、端数を切り上げるか、切り捨てるかということは、一件の場合は大した問題にならないが、1000件ならば1000円の収入増となる。店側は切り上げを、客ならば切り捨てをと考えるのはよくわかる。だがそんな端数のことなんか頭にない人も居るだろう。その人にとっては端数切り捨ては当然と思っているのだ。何故？

---

258 家宝は寝て待て

（果報は寝て待て）幸福の訪れは人間の力ではどうすることもできないから、あせらずに時機を待て。

259 吐き気・酔い・残った

（八卦酔い）（「八卦（はっけ）よい」の意か）相撲の行事が、土俵の上で力士に向かって動きを求めて発する掛け声。

（残った）（土俵ぎわまでまだ余地が残っている意）相撲で、行事が取り組んでいる力士に発する掛け声。

263 宝くじ騒動

ひと昔前の話。今は金額が増えたが、当時年末ジャンボ宝くじが発売された時、一等1枚で1億円。それを独り占めにするか、それとも一等が10枚あって、その1枚が当たって1000万円。どちらがいいのか。どうせ当たりはしないのに、1億円か、その1／10の1000万円か。これは当たる確率が10倍。くじを買う際は、外れることは考えず、当たったらどうしようと考える何かたとえようのない無益な期待が脳裏をかすめる。こんな時、頭の中はどうする、こうするでどんな風になっているのだろうか

---

260 お茶の効、細々

（御茶の子さいさい）（「さいさい」は囃子詞（はやしことば））物事がたやすくできること。

261 構い達

（かまいたち）突然皮膚が裂けて、鋭利な鎌で切ったような傷ができる現象。特に雪国地方でみられ、越後の七不思議の一つとされる。空気中に真空の部分ができたときに、それに触れて起こるといわれる。昔は、イタチのしわざと信じられていた。鎌風。

264 人はいろいろ

スーパーで働く男はスーパーマン、サンドウィッチを売っている男はサンドウィッチマン。禁止されているのに虎を密売している男は、売る虎マン。それでは職業を変えてストレスが無くなって、喜んで酒飲んで乱れている男は何？

265 本物？偽物？

植物で葉を見ると本物か、人工の物かよくわからないのがある。思わず触ってみるがそれでも判らないくらいだ。そんな植物を売っている花屋さんが、ある日偽物とすり替えられているのに気が付いた。それ以来、ひっきりなしに見回らなければならなくなった。花屋さんのそんな時の気持ちはどんなだろうか？

---

262 はしたない

（端《はした》）計算の結果、ちょうどきりのよい数量を基準にしたときに現れる過不足の数量。

（はしたない）慎みがなく、礼儀にはずれた品格に欠けたりして見苦しい。みっともない。

266 深山の鳥も修行中？

奥深い山寺の周りには、たくさん鳥が住んでいた。いつも坊さんの読経を聞いているので、鳥たちもなんとなく仏の使者のようにも見えた。だがまだ肝心の坊さんのような風体が欠けていた。通りかかった旅人が鳥たちに声をかけた。「おーい、君たちはもう……か？」何と言ったのだろうか？

267 本当の話

戦後は食糧難で、米なんかは貴重過ぎてめったに口に入らなかった。サツマイモがあれば上等。うどん粉（小麦粉）を玉に練って汁に入れた水団《すいとん》。時には野草も食べた。米櫃《こめびつ》にあるはずの米がなくなっているのに気が付き、驚き慌てて別の何かを食べなければならなかった。何を食べたのだろう？

---

263 10《てん》や1《わん》や

（てんやわんや）大勢の人が秩序なく動き回り、ごった返すこと。また、そのさま。手に手にの意の「てんでん」と、関西方言でむちゃくちゃの意の「わや」とが結合してできた語という。獅子文六の新聞小説「てんやわんや」で広く一般に使われるようになったもの。

268 驚き

夏祭りが近づいて、神輿《みこし》を担《かつ》ぐ若い衆の大将が、あいにく持病の痔が悪化してしまった。それで仲間に言った。「俺、痔になってしまって神輿は担げねぇー」それを聞いた若い衆は真剣な顔をして言った。何と言ったのか？

269 坂道は問題だ

海の見える高台の町だった。狭い坂道があちこちにあって、迷路だらけであった。初老の夫婦が住んでいた。生活に必要なものは海辺の方に行かないと買えなかった。一番近い店までは急な坂を三つと、だらだら坂を半分下って行くのだが、帰りが大変だった。妻は買い物に行かなくなり、夫は困った。妻は家から出なくなった。もうこんな場所には住みたくないと夫は言った。妻は謝り、結局、同じ場所に住むことになった。相変わらず買い物は夫だった。その後二人はうまくいったのか？

---

264 転身乱マン

（天真爛漫）飾ったり気どったりせず、ありのままであること。無邪気で、ほほえましくなるようなさま。

265 木が木でない

（気が気でない）気がかりで落ち着かない。

270 死なないパンダ

パンダは死にません。永遠に生き続けます。息をしなくなっても生きています。どういうこと？

271 必死に説得

釈迦が法華経を完成するのに、一生懸命に修行した。人々に悟りを説く時は境地をことごとく述べた。行脚して人々の心を掴んだ。釈迦の一生はどんな人生だったと表現できるか？

---

266 禿げたか？

（禿鷹）コンドルやハゲワシの俗称

267 粟《あわ》食った

（泡を食う）驚きあわてる。

現代人はひぇ〜と言って驚くだろうが、稗《ひえ》も食った。こ〜りゃひどいと思うかも知れないが、コーリャンも食った。戦争は絶対にしてはいけないのだ。

272 禁止されると余計にしたくなる

会社では原則として、夫婦は同じ職場で勤務できないと言われると、やたらそこで二人で勤めたいと思う気持ちが涌いてくる。どんな風に？

273 何を考えているんだ！！！

世界で核開発が進み、絶対禁止と唱えても、開発技術者は経済的利益や武力誇示ばかりで、その裏の惨状を考えない。自分が放射能に当たって砕け散る悲惨さは考えないのか。それは自分が砕けて解決する問題でもなく、今や一触即発の感がある。それぞれの指導者の本音《ほんね》を引き出すにはどうすればいいか？

---

268 ま痔っすか？
（まじ）本気であるさま。本当であるさま。

269 三下《みくだ》り半
みくだりはん（三行半、三下り半）（三行半に書く習慣から）江戸時代、夫から妻への離縁状の俗称。転じて、離縁すること。

274 後悔

剣道で竹刀《しない》を頭上に高く振りかざしたら、胴に打ち込まれて負けた。剣士はその時、何と思っただろうか？

275 気の合うふたり

愛し合う二人の男、つまり男色（世間ではおかまというようで……）二人が魚についての話をしていた。セイゴがスズキ、ワカシがブリにというように出世魚談義だった。ボラについてはトドということでよかったのだが、はたしてトドは魚か動物かということになった。別物と知りながら、二人は話を面白おかしく曖昧にした。彼らはどんな人？

---

270 目が黒い

（目の黒いうち）生きている間。目の玉の黒いうち。

271 釈迦力《しゃかりき》

（しゃかりき）夢中になって何かに取り組むこと。

276 ありうることが、現実は……

日本人の寿命が延びて、100歳以上の人が7万人近く居る。100歳過ぎて亡くなるということは、今は普通の類に入るのか、それとも不思議という別の類に入るのか。今のところまだ信じられない不思議の類といえるだろう。そんな不思議の類に入ることを何という?

272 社《しゃ》に無二《むに》

(遮二無二《しゃにむに》) ほかの事を考えないで、ただひたすらに。がむしゃらに。

273 核心に触れる

(核心) 物事の中心となる大切なところ。

日本の山には意味がある。

277-1 皆で守ってゆこうという山は何？

277-2 いろはにほへと……という順番にそれぞれの山に記号を与えて、「一番人気で勝ち残るのはどれか」と聞いたら、即座に返ってきたのは？

277-3 年寄りが登ると息切れがする山は何？

277-4 名前を言ってもよくわからない山は何？

277-5 山は国や県が管理しているが、この山だけは町役場が管理している。どこの山か？

277-6 そんなことないと思っても、言われてみると妙に納得してしまう山は何？

---

274 上段じゃない

（冗談じゃない）冗談にもそんなことを言ったりしたりするな。とんでもない。

275 カマトト（男色《おかま》が魚《とと》の話をする）

（かまとと）知っているくせに知らないふりをして、上品ぶったりうぶを装ったりすること。また、その人。多く女性について言う。蒲鉾（蒲鉾）は魚（とと）か、と尋ねたことに由来するという。上方の遊里で用いはじめた。

278 いい印象。

ある大学病院に大層イケメンの若い男性外科医師が居た。患者の人気度も高く、病院のスター的存在であった。ある日長く入院していた患者が、晴れて退院ということになり、医師はそれに合わせて真っ白な白衣を着て一緒に記念写真を撮ったのだが、その医師はどのように撮れたか。

279 幸せになりたい。

幸せになりたいと思ったら、一度貧乏を経験することだ。そうすれば幸せが至る所にあることを知るだろう。ところが貧しいゆえに、こころが曲がってしまって貧乏神となった男が居た。ある時金持ちの男が揺り椅子に座って昼寝をしていたところに近づいて、お金を下さいと言った。金持ちは知らぬ顔をしていた。そうしたらこの金持ちはどうなった？

---

276 奇跡に入る

（鬼籍に入《い》る）死んで鬼籍に名を記入される。死亡する。この句の場合、「入る」を「はいる」とは読まない。

嬉しさの極み

280 愛する彼にしばらく会えなかった彼女が、ある日会うことになった。彼女は嬉しくて浮き浮きした。時間にその場所に行くと、彼が待っていた。彼女は急いで走った。彼と目が合った瞬間、つまづいて倒れてしまった。彼は大丈夫かと心配して彼女の手を取った。その時彼女は彼に何と言ったか

夢のはなし

281 恋人同士が話し合っていた。彼女が言った。「私の夢は、小さくていいから普通の家庭を持つことなの。貴方は?」すかさず彼が言った。「オレのは大きくて、立派なやつさ。」彼女はそれを聞いて「まあ、すてき!!!」「ん……?」

277-1 大切山（大雪山）

277-2 と勝だけ（十勝岳）

277-3 フー爺さん（富士山）

277-4 知らねーさん（白根山）

277-5 町会山（鳥海山）

277-6 あーそう山（阿蘇山）

282 疲労困憊《こんぱい》

乳がんにかかった女性が、片方の乳房を切除せざるを得なかった。この手術で彼女が一番悩んだことは何か?

283 人は見た目ではわからない

人の性格について大雑把に分けてみると、やたらnoと言うタカ派と、yesと言うハト派になるだろうか。しかしタカ派でも真に実力のある人ならば、やたらと相手に詰め寄ることはしない。そんな人のことを何と表現するだろう?

---

278 院スター映え

(インスタ映え) 写真共有サービス・SNSの「Instagram」(インスタグラム) に写真をアップロードして公開した際にひときわ映える、見栄えが良い、という意味で用いられる表現。インスタグラムを念頭において写真写りが良いと述べる言い方。

279 ゆすられた

(ゆする) 人をおどして金品を出させる。

その後この男は金を手に入れたとはいえ、貧しいことに変わりはなかった。落ち着きが無くなって、椅子に座るといつも膝を揺り動かしたとか。

284 立派になる

青二才といわれた若造たちが、愛子という名前の教師から教えを受けて、皆立派に育って有名になった。時が流れても恩師の愛子は名もなく平凡に、いつもの生活を続け、教え子たちの出世に敬意を表した。世間は教え子たちのことを何と言っただろうか？

285 飛ぶ努力

体が大きすぎて走るのは早いが飛べない鳥が居る。ダチョウだ。ところでその点、飛ぶために常に体重を気にしている鳥が居る。それは誰でもすぐに分かるかも知れない鳥だ。何？

280　あっ痛かった

(会いたかった) 彼がどう反応したかはわからない……私ならキュッと抱きしめる。

281　大きいことはいいことだ？

286 北見の人

北海道のあるところで、若い女性が行きつけの赤提灯に入った。いつものようにハイボールを注文した。店員は「いつものウイスキーにか?」と彼女に聞いた。その時彼女は何と答えたのか?

287 英語の日常化?

ある帰国子女の多い幼稚園での話。先生が園児に聞いた。今日りんごを食べた人は誰?5人がハーイと手を上げた。それでは今日アップルを食べた人は誰?これもちょうど5人が手を上げた。そこで先生は感じた。これから英語が日常に浸透してくるだろうなと。その時先生は満足そうな様子だったが、現実を見て何を思ったのだろうか?

---

282 失パイ

(失敗) 物事をやりそこなうこと。方法や目的を誤って良い結果が得られないこと。しくじること。

283 No あるタカは詰めを隠す

(能ある鷹は爪を隠す) 実力のある者ほど、それを表面に現さないということのたとえ。

288 変な人

通勤電車のような込み入った場所で、真面目な人に囲まれながら、ふしだらというか、猥褻《わいせつ》な本を見ている人がいる。変態という語から生まれたHという名にふさわしい人だが、日常から見れば軽率で、猥褻だ。周囲の事なんか気にならないのだろうか。こんな人は当然異次元の人間として敬遠される。そういう人を何という？

284　青は愛より出でて、愛より仰がれし

（仰ぐ）尊敬する。敬う。教え・援助などを求める。請う。

（青は藍より出でて藍より青し）弟子が師よりもすぐれていることのたとえ。出藍の誉れ。

285　かるかも（軽鴨）

かるがも（軽鴨）カモ科の鳥。全長約60センチ。全体に黒褐色で、くちばしの先が黄色く、雌雄同色。東アジアに分布し、日本では留鳥で、川や池沼にすみ、都市公園でも繁殖している。なつがも。

289 国中で愛し合う

祝日はたくさんあるが、こどもの日、敬老の日があっても〈大人の日〉がない。大人は勤労感謝の日で慰労されても、個人的に互いに高めあう高揚の日がない。こどもにはまだ高揚なんていうもったいない世界は見えない。敬老者には生唾《なまつば》を飲み込むくらいの気持ちはあっても、もう過ぎたるは及ばざる世界。それでも大人のためにそんな日を設けるとしたら、一年のうちどの日がいいだろうか？

286　ソーダねぇ（ハイボールはウィスキーのソーダ割り）

（そだねぇ）平昌《ぴょんちゃん》冬季オリンピック（2018年２月）で、カーリング日本女子チームが北海道弁を使って広まった。

そだねぇ（気が乗っている）　そだねぇ（気が乗らない）

287　リア10（りんごとアップルで10）

（リア充）〈「リアル（現実の生活）が充実している」の略〉ブログやSNSなどを通じた関係ではなく、実社会における人間関係や趣味活動を楽しんでいること。またそのような人。インターネットなどで使われる俗語。

苦しい時の神頼み

290-1 心配事が重なり、便秘になってしまった男が、パチンコ屋の前を通ったら、楽しそうな音楽が聞こえ、中は景気良さそうな雰囲気だったので、気分転換は便秘解消になると思い入ってみた。しばらくして彼はパチンコは便秘に効果ないとわかって出てきた。何があったのか？

290-2 しかし彼には多少の笑顔があった。何か感じたのか？

アイのイメージ

291 アイの響きは誰にも関心あること。人は常にその響きに胸ときめくが、なかなか思い通りにはいかず、行き着くまでにはいろいろある。アイに至るためにはいくつか声に出し、実感し、やがてゴールに至ると、次はもうアイが待っている。ゴールとは何か？

---

288 軽猥
（ケーワイ、KY）〈「空気（kūki）を読めない（yomenai）」または「空気（kūki）を読め（yome）」の頭文字から〉俗に、その場の雰囲気にふさわしくない発言や行動をする人。

292 持病

富士雄は気の弱い男であった。住んでいるのは偶然にも富士見台という所だった。それで自称、富士見の男と言っていた。不死身だから長寿を確信していたが、ある時ちょっとした体調不良なのに、気が弱いために慌てて医者に診てもらった。医者には「性格だから仕方ないけれど、気持ちを大きく持ちなさい」と言われた。結局何の病気だったのか？

293 男女の仲

アメリカ人の男女が自転車に乗ってデイトしている。男はチンチーンとベルを鳴らし、ヘイ、カモン、カモンと女を呼んでいる。この二人の仲はいいのか、悪いのか？

---

289 立春の前日（接吻の日）

（節分）立春の前日。2月3日。この夜、鬼打ちの豆をまいたり、柊（ひいらぎ）の枝に鰯（いわし）の頭をさしたものを戸口にはさんだりして、邪気を払う習慣がある。

294 勝手な解釈

イケメンのアメリカ人の男性とペアを組んでテニスをしていた日本人の女性が、一ゲームを取った。彼がナイスキープと言ったら、彼女はポーッと赤くなった。彼女に何があったのか？

295 ラテン語

大学での話。ラテン語を学習した賢い学生たちが、次の授業が始まっても、ひそひそとラテン語でしゃべり興じていた。学生のざわつきは消えない。ラテン語の解らない教師は「止めなさい！」と一喝したが、教師は何を禁じたのか？

290-1 出そうで出ない

290-2 まったく出ないわけでもない

291 エッチ（アイはエッチの後に来る）
A,B,C,D……H（エッチ）、I（アイ）、……

特別扱い

296 床屋は客の髪の毛の量によって、一等級（半禿げ）、二等級（禿げ無し）……と区別して料金に差を設定すれば理想的なのだが、それを試みたある床屋に、ある日殆ど毛のない客がやって来た。仕上げは当然早く終わって、床屋の主人は客に申し訳なさそうに、最高級の料金ですがと……、もそっと言って料金を求めた。何料金か？

列車に乗れない

297 老朽化による鉄道事故がときどきニュースになる。在来線で事故に遭った人が、鉄道の話になるたびに体が震える線がある。それは何線か？

---

292 富士の病

（不治の病）決して治らない病気。（既出）

293 （仲はいい）チンチーン、カモカモーン

（ちんちんかもかも）男女の仲がたいへん睦まじいこと。

298 **クジラの水泳大会**

クジラの水泳大会があった。たくさんの種類のクジラが参加して一斉にスタートしたが、気が荒く、他を寄せ付けず一番になったクジラは、誇らしげにガッツポーズをした。そのクジラはどんな格好のポーズをしたのだろうか。

299 **日本語が解ってるのはどちら?**

ある外国人が、北海道の友人に贈り物をしたいと思い、ある品を買い「これ送ってくれますか?」と店員に聞けば、「配送ですか?」と聞かれて「はい、そうです」と答えた。「場所はどこですか?」と店員が聞いたら、店員は「困りましたね。それでは送れません」と言った。その外国人は何と言ったのか?

---

294 「大好き」と言われたと思った。

(nice keep) [náıski:p] と [dáıski] は [d] と [n] が調音点が同じで、[p] は弱音ゆえにほとんど聞こえない。それで発音は両者が酷似する。難しい話になり、ひんしゅくを買うに値する。ご容赦。もう言わないです。

295 死語

(死語) 古く使用されていたが、現在ではどの民族にも使用されなくなってしまった言語。

(私語) 公の場であるにもかかわらず、自分たちだけでひそひそと勝手な話をすること。また、その話。

300 出会い系お花見

花見をしながら、花の下で見合いをする企画があった。人気があって人が集まった。途中から気分の乗った連中がダンスを始めた。若いのから中年くらいまで男女混合であったが、サンバ、ワルツ、ボサノバ、サルサ……もう花のことなどどうでもよかった。ところで一番人気のあった曲は何だった？

301 危ない舟

景気のよくない旅行会社が、「船で行く港町ツアー」と銘打って、何やら怪しげな企画を立てて売り出した。そこに応募したのも怪しげな男たちであった。船は港を出たがまもなく時化《しけ》にあって座《ざ》礁《しょう》して航行できなくなった。この旅行会社は初めからどんな船をチャーターしてこんな事態を引き起こしてしまったのだろうか。

---

296 禿頭《とくとう》料金

（禿頭）はげあたま

（特等）一等の更に上の等級

297 震撼線

（新幹線）高速で主要都市間を結ぶＪＲの鉄道。また、その列車。
在来の主要幹線に並行する。

302 **食べ物は残さない**

出された食べ物は残してはいけません。食べ物の少なかった時代は、残すことは罪悪であった。その心は、今も途上国の食糧事情を考えれば、残して廃棄されることは見過ごせない。生産者の気持ちも大事にしたい。食料そのものも廃棄されるために地上に生をうけたのではない。食べることは時に努力でもあるのだが、鳥はまず食べ物を残さないという。沖縄にはそれを象徴するような感心な鳥がいる。その感心な鳥とは？

303 **隠語**

言葉を詰めて言うのは業界では頻繁だ。例えば友達を「だち」、カメラリハーサルを「カメリハ」、舞台監督を「ぶたかん」、イタリアオペラを「イタオペ」……と言った具合だ。これを一般人が乗りの心で、例えば世間によく居る「いかさま師」のことを「いかさし」と言ったら、奇抜なのか、愚かなのか？

298　シャチほこ

(シャチ) マイルカ科の哺乳類。性質は獰猛《どうもう》で、イカ・魚類のほかアザラシ・アシカ・イルカ類、時には群れて鯨などを襲う。

(しゃちほこ) 想像上の、魚に似た怪獣。……城などの屋根の大棟につける

299　わっかない

(稚内) 北海道北端部の市。

304 短歌の会

ホテルオークラといえば、誰もが知っている有名ホテルだ。1958年創業というから60年になる。小高い丘の上にあって、高級ホテルの代名詞でもある。ここでは時々、短歌の会が開催されて、多くの歌人が集まるという噂があるが、真偽のほどは判らない。でもその会の名前を聞くと、なるほどとも思える。どんな名前なのだろうか。

305 少女のあこがれた歌手

人生のいたずらというか、たまたま道を外してしまった少女が居た。しかし心は優しく、常識を備えたいわば普通の少女だった。彼女は歌が好きだった。歌手になって有名になろうと思った。人生の独り舞台を夢見て、自分の生い立ちをも考えて、静かに語るような歌を歌いたかった。それである歌手を自分のモデルとして考えた。誰だろう？

---

300 タンゴ（花よりだんご）

（タンゴ）19世紀後半にアルゼンチンの首都ブエノスアイレスで起こった、4分の2拍子系のダンス音楽。またそれに合わせて踊るダンス。

301 軟派船

（軟派）女性と交際したり、服装に気をつかったりすることを好む態度。また、そのような人や、一派。

（難破）暴風雨などのために船が破損・座礁。沈没などをすること。

306 **話が止まらない**

子供同士が自宅で飼っている金魚について話し合っていた。ある子供が「うちの金魚は人面魚なんだ」と顔の様子を話したら、別の子供が「うちの金魚は目の飛び出しがすごいんだ」すると別の子供が「うちのは眼鏡をかけているさ」話が進んで誰かが「うちのは目が三つあるんだ」話が止まらなくなった。誰かが「うちの金魚は尾が四方八方に付いているよ」これを聞いていた親たちは、子供たちの会話について何と言ったか。

307 **香具師（やし）**

自称日本一の〈ぶっ切り飴職人〉と称する男が、トントントントントーンと口上巧みに人前で、自分が作ったというその飴を売っていた。語りは面白く、人が集まった。映画の寅さんを見ているようだった。果たしてこの人が切った物は何？

---

302 頑張る食いな

（ヤンバルクイナ）クイナ科の鳥。……沖縄本島北部の山林にすむ特産種。昭和56年（1981）新種として記載。

303 ま抜け

（間抜け）おろかなこと、見当はずれなこと。

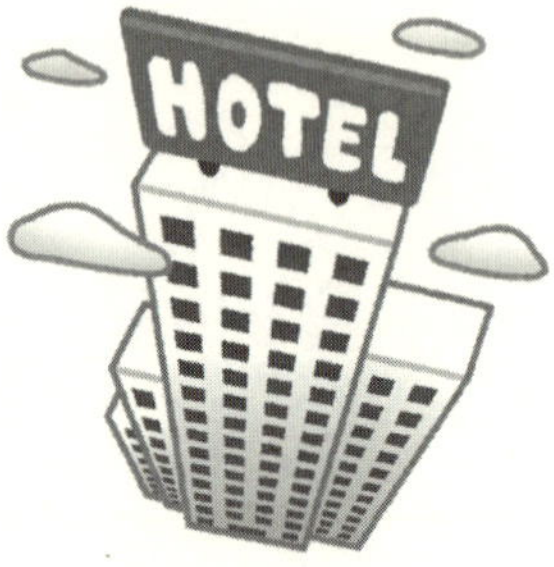

304 山の上のオークラ

（山上憶良）［660～733ころ］奈良前記の官人・歌人。

305 ぐれ子

（グレコ）フランス音楽界を代表するシャンソン歌手そして女優。
1927年フランスのモンペリエ生まれ。黒い長い髪と黒ずくめの衣装で歌うことで日本人にも人気がある。

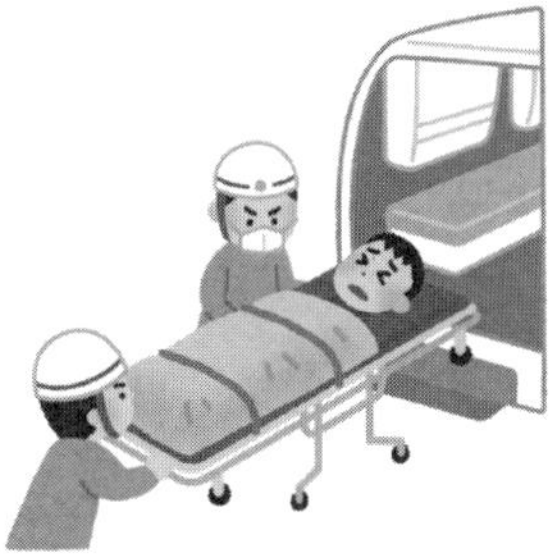

306 尾ひれがついた
(尾鰭が付く）話が伝わる間に実際にないことが付け加わって大げさになる。

307 啖呵（たんか）
(啖呵を切る）歯切れのいい言葉で、勢いよくまくしたてる。

この啖呵が評判となり、人が多く集まった。集まり過ぎて怪我人が出た。救急搬送されるとき、彼らが乗ったのが担架だったが、啖呵に乗ったがための結末だった。

あとがき

思い浮かぶまま、言葉遊びをしてみた。まだまだ日本語の面白さを探してみたい。ところが最近は思いついても、記憶にとどめておくことが不得手になり、メモをしておかないと先ほどの話の一端も引き出せない。年経れば仕方ないことだけれども、メモできる紙と筆記具は持ち歩いている。不思議に朝目が覚めて起きる寸前に思いつくことが多い。駄洒落と言われても弁解の余地はなく、しゅんとなるしかない。日本語には同音異義語が多数あって、それが面白さを引き出している。これは言葉の豊かさであり、日本語は遊べる言語であると感じている。機知に富む会話ができるのは、外国語に比べれば日本語が勝っているように思える。外国語事情に詳しいわけではないが、言葉遊びによる頭の回転を促すには、日本語をどんどん使うことだろう。ここで気になるのが、今日本に外国語教育と称して、小学校から英語を勉強するという指針が発表され、世間がその気になっていることである。その目的は何か。日本人が英語をうまく話せるようになることが何なのか。それは英語が今、経済社会において優先されているという利害を考えてのことなのか。英語ができないゆえに遅れを取る外交を考えてのことなのか。それなら何故、小学生全体が英語を勉強する必要があるのか。英語が好きで、外国で仕事をしたり、生活することを夢見ている子供にはまあ精神的負担は少ないかも知れないが、いずれの場合にも生理的にはよくない。思考の仕方については、言語によってある物事について捉え方が異なる。日本人はあることを考えるのに、いろいろ考えて、結論が最後になるがそれでも決まらないことがあって、結局何だかわからないことがある。これは議論していてもまずい。しかし良し悪しは別としてこれが日本語である。「私はそうは思わないこともないわけでもないのですが……」これをダメだという人は居るだろう。英語では結論を早くに言う。そのあとで理由を並べる。「私は思わない。……ということを」こうした言語の構造を、日常会話の中で母国語の安定していない時期に教えることは、子供に生理的負担をかけることになる。まず母国語の表現力が貧困になる。語彙数も少なくなる。読み書き算術とは、昔の人はよくわかっていた。日本語の言語力は、漢字、平仮名、片仮名と使い分けて、言葉の豊かさを作り出した。この見えない玉を磨かずにどうして隣の玉を磨こうとするのか。英語が悪いというのではない。そのまえに日本語という玉をまず植えつけてから英語を学んでも遅くはない。言葉で考えるということが、文化を作りだすことである。論理的に文章を作るということは、母国語によってであり、それを翻訳することが人間の能力であり、だらだらの考えで迎合するならば、言語戦争に負けて、知らぬ間に中途半端な人間になる心配が大いにある。

繰り返すが、駄洒落でもいい。言葉の琴線に触れた時、それが笑いであろうが、情感であろうが、心を揺すり、揺すぶられることが言葉の本来持つ意味だろう。最後になって難しいことを言ってしまったが、さりげなく、欲張らず、気取らずに日本語を見直して下さることを願っています。

最後に本書作製にあたり、朝日出版社の近藤千明様には、多くのわがままを聞き入れて下さり、ご教示を頂き、やっと発刊に至りましたこと、ここに厚く御礼申し上げます。

2019年3月

小島　慶一

本義説明は、
小学　ことわざ・四字熟語辞典（学研教育出版、金田一秀穂　2014.10.
デジタル大辞泉　小学館（CASIO EX-word DATAPLUS 7 XD-N7200）による。
それ以外はネットによる。

付記

私が日々生活してきた中で、ふと思いついた言葉があります。書き留めておいたらかなりの数になり、それは「船長《ふなおさ》日記　～ゆらり・ふらり～　」という題がついて朝日出版社から上梓して頂いた写真詩集の中に散らばっています。先に詩があって、その中で使われた言葉ですが、私にとってはその時々に思い入れた気持ちがこもっています。思索の整理ということで、本書の洒落本とは正反対ですが、ここに添えたいと思います。「紙面そっか～」（四面楚歌）（本書中にある駄洒落）という方がいらっしゃったら嬉しいです。

詩の題	思いついた言葉
生きてる最中	悩める自分を感じる大切さを　この呼吸する瞬間に見つめなおそう
あきらめないで	さりげなく　さりげなく　日常の中の本物
うわつらの誘いはもうごめん	愛の水らしきものくれるとき　これは危険だ
幸せを見つけて……	出会いは努力　別れは経験
耐えられぬ燃焼	物を憶える苦しさよりも　考えぬ努力の方が辛く　切ない
額	額は人という大地に育まれる

ああ人間	晒されて　おのが才の限りに気が付く
愛	愛はすべてに通じ　愛はすべてを破壊する
愛	豊穣の上を歩いて人は栄える
愛	愛強ければ強いほど　人は闊歩して混乱
愛	愛は曲線　美名を冠して独占欲　愛は無益の労働
挨拶しても……	悲しみは深いほど　大きな喜びを手に入れる
愛の行方	愛せる時に愛することより　愛せぬ時に愛すること
足跡中断	風景は置き換わっても　時間は姿を変えぬ
足跡中断	旅の途中で風景を求める
足音	足音が変わるたび　人は秘密の宝を増やし続ける
歩み	痛みや焦燥の棘を丸くし　人生の殿堂入り
歩みの中で	足跡が深く見えれば　歴史あり
蟻地獄	渇いて何もない砂漠に気をつけろ
生きてますか	思い出は死の化粧　記憶は生の躍動

生きてる最中
悩める自分を感じる大切さ　笑って話せる心の大切さ

生きてる姿の瞬間
人の体は宇宙の写し

生きるって
生きるって　何か大事なことがある

遺産相続
人の一生は大地の一年

一番星になろう
人は星を見つけて安堵する

一生
あった人は数多くても　旅の一風景

一生
幸せって　ゆったりと質素なもの

一生
歩むって　笑顔

犬・猫と人
偉そうは見せかけの貧困

犬・猫と人
奥ゆかしきは孤独でも栄達

犬・猫と人
年経て色薄まって崇高

今が永遠
歴史は秩序と混乱

今が永遠
人は沈む太陽を追いかける

今を精いっぱいに
行く水に竿させば　無駄な力とお別れ

動く水の如くに	思索の日々は　実りの探求
美しきの秘密	人は楽しそうで淋しき散歩者
えっ　男と女?	男同士は忘却　男と女は悔恨　女同士は遺恨
女と男	男は笑っていないか?女は泣いていないか?
解放	物は使えば無くなり失せる　心は使えば豊かに稔る
顔	人は時間の中で溝を掘る
顔診断	自分というのが一番わからぬ存在
顔を求めて	自信に満ち過ぎて壊れた顔顔
鏡	そのお前は自分だけのものじゃない
形がなくても	誰も知らない自分だけの財宝を　感ぜねばならぬ
借り物	生命は人生という借り物
考えてますか	淋しさを隠しているから美しい　悲しさを知っているから美しい
考えながら	内光れば外輝く
偽装	葉枯れても自然は枝を残す　人は大地に生える草木

教師
人は学んで　人と手を携える

虚栄
便利さはまがいものの幸福薬

金字塔
偽りの徳だから絆が作れぬ

暮らしの中で
幸せという不幸の中にあって　物が見えぬ　物を見ぬ

狂いの時代に生きて
当たり前を見て　それに涙する

群衆の中で
いじらしく咲く　名も知らぬ花の重さ

激怒
ほんのわずかの間に　命の濃さが薄められた

景色を見つめて
時は優しき縁結び

現代は進歩か？
直感の陰にある本質　嘘の安堵

心こめても
失敗は巷の先導師

この瞬間
果てがあるから　人は夢中になる

この道に
この瞬間は幸せの種まき

コンピュータ
物知りが偉いという錯覚

探し物
愛する気持ちをさりげなく　仕草の中に置けばいい

探し物
幸せなんて初めから　気持ちの中に置けばいい

雑草
花の咲かない雑草道　花咲かずとも色褪せず

淋しさ
若き時の淋しさは言葉のゆきずり　老いてからの淋しさは心の行き詰まり

さよなら　でも……
出会いの数と別れの数は同じはず

幸せって？
濁りの中で純粋は見えぬ

幸せの祈りこめて
道とは心　心とは世間

詩生まれても……
人はみなひらめきながら語れない

自己診断
図星が怒りの増幅剤

指導者
指導者は孤独の大樹

邪気
己の邪気に気付かぬ邪気

小宇宙
この身震わせて　菩薩となり仏とならん

正直が幸せ
繕う善人より　繕わぬ善人

上手に生きる
死に方のうまい人は　生き方のうまかった人

捨て去り　そして……
生きることは瞬間の破壊

性争い　権利主張は調和の中の闘争

善知る　人は同じものを持って感じ合う

前進　今流す涙で人は歴史を創ってゆく

そしてそれから　時の情熱は忘却の中で思い出す後悔

それから　男はうなずきながら　別のことを考えている

大地　世間はうわつらの飾りで　行き過ぎる

大地にて　世界を手にするのは女の策略　世界を壊すのも女の快楽

大地の声　小さな人の声聞くよりも　大地の声に耳傾ける

だから人は美しい　痛みを多くして人は人　涙を流す中で人は人

確かめながら　見えぬ何かを観る人　聞こえぬ何かを聴く人

旅する　旅をしながら　旅をする

堕落の泉　便利ということの危険

知恵あって愚か　争うことは自我の発露

地球に生を受けて　名もなき菩薩を歩みたい

束の間　　人は自分には文句は言わぬ

積み重ね　　恥の数だけ幸せがある

出会いから　　一生は深山のせせらぎ

哲学の小道　　哲学の小道を通らなくても　人は常に哲学の道を歩いてる

都会の憂鬱　　音ばかり聞こえて　声が聞こえぬ

どこへ行く?　　生ある時が永い旅の休息

どこへ行くのですか　　むなしさはすべてが無となる心の痛み

どこへ行くのですか　　はかなさは交わす言葉の人の心の移ろいやすさ

どこを見る?　　ひとりが笑ったその陰で　十人が涙した

届かぬ思い　　無限の方向の　ひとつの選択は無に等しい

取り柄がなくても　　易き道を迂回して　やがて自分を見つけ出す

鳥肌　　思いもよらぬ日常の中の永久

仲間たち　　人はあやつり人形

流れは絶えずして　　行く水は　流れて常にはじけ散る

何知る　世間から知恵は教わっても　知識から世間は見えない

波風立てても？　感動する人生に　誇りも威張りも要らぬ

涙を下さい　流した涙が多いほど　思考の泉がよみがえる

握る　地球は考える脳

逃げられぬ　延びた糸に数珠つなぎという　歴史の糸に気がつく

虹の日本人　物の富がありすぎる故　心の富が退化する

二十一世紀に生きる　平等という原点にあって　社会が機能する

二重構造　本物は名もなき常識人

日本人　砂漠の中で太陽に向かう日常

人間　沈黙する思考は肥沃　饒舌の不平は不毛　沈殿は自滅

人間エコロジー　小さな貧乏神様　いらっしゃーい

濃縮生命　人の一生は数秒の希薄延長

乗合船　優しすぎて　かびが生え　厳しすぎて　ひん曲がる

はがゆさ　己との闘いは　美化して語られる

発信
言葉は科学を内に持つ

花と語る
光強ければ投ずる影は濃く　声香しければ人涙する

花の命
花は何故　きれいに咲く?

花の訓垂れ
赤き一輪の　あすはもう　光に背を向けている

花の力
名も薄き花の声聞く

はねかえり
因の種を蒔き　いつか果報の届く時

波紋の行方
時間の流れの河べりで　妙薬を溶かす

早鐘
心奥に錆びれた宝を見いだせ

人社会
人は正直な自然に知恵を乞う

人育て
愛は緊張　言いたい放題は孤独

ひと房揺れて
色深ければ　甘さもまた深し

日々の暮らしの中で
貧しきことは宝

ふたつでひとつ
最大の敵　それは自分　最大の味方　それも自分

二人でひとつ
いくら先が見えても目前の半世界

本物は見えずして……　二人で見るひとつの世界は　誰もが見える　仮の宿
本物を求めて　愛という名のたたき売り　売り子の安売り　買い手の血まなこ
毎日のこと　ありがとうって言って　わからぬ幸せ感じてる
無名のランナー　哲学は悪魔を呼び起こす
眼鏡を拭いて……　大人になって人はみな　めがねの掃除忘れてる
行く道に光あれ　人が人の価値を決める　そんな愚かには従わぬ
ゆけゆけドンドン　戦争沙汰はやめにして　地球を守ろう
欲争い　物社会に潜む堕落の誘惑者達
欲欲考　平凡は人を見る哲学　人の中に小さな人の泉あり
世の中いい加減　馬鹿ではあっても愚かになるな
夜の大地　殺伐の中のため息は　偽りのオアシス
喜びの人　人はかけた情けの数が多ければ多いほど　人の喜びを我が喜びとする
レストラン思考　華美なる知識・旨き名誉は瑣末の飾り
悲しいけれど　さよならは　仕組まれた罠

魅力　病んでる姿が見える時　人が貴方に向かい合う

友　友情に忘却はない

ひとり言　体のどこかで有難うって言っている

耳に手をあてて　私の神様に　耳に手をあて話してる

揺する　ありふれた言葉の隅々にさえ　人揺する源がある

大人たち　幸せのふりしてみても　生き様を偽ることはできぬ

太陽のため息　太陽を見る時は　人はいつも色めがね

内緒の詩　深情けには蜂の針　蜘蛛の糸

兵士の祈り　戦車のない兵士　鉄砲を持たない兵士　されど弾丸は飛んでくる

まだ来ない　もう行っちゃった　男が千里を走る時　女は一里を走ってる

学ぶ友へ　学ぶことは人を控えめにつくる

友情凌ぎ　沖にはでっかい仲間が居る

日常の無意識　女はカップルの女を見てる　男はカップルの女を見てる

つぶやき　人はみな　語らぬ歴史の語り部

母に捧げる　1999. 5. 9.　体のどこかでは後悔や怒りが爆発している

母に捧げる　1999. 5. 25.　人の痛みと慰めを知るために　今努力をしなければなりません

母に捧げる　1999. 6. 初旬　手足を動かす練習よりも　心の中を引き出す練習

母に捧げる　1999. 6. 28.　ありがとうという日が必ず来る

ひとつの人生8　このゆく道に人の知らない軌跡を創る

ひとつの人生15　感動は犠牲を悔やませぬ薬

ひとつの人生18　人は皆幸せな群集　孤独な旅人　勇気ある冒険家

ひとつの人生21　一方的な満足では人の世は住みにくい

ひとつの人生25　人は決して喜びの終点を知らない　すべてが勝利者である

ひとつの人生32　凍る大地に草木はないが　熱き大地に樹木が繁る

ひとつの人生32　人は移動する樹木

ひとつの人生32　熱き大地に影を作れば　その中で歴史が始まる

ひとつの人生37　人はいたずらして生きている存在

ひとつの人生39　人を責めるなら逃げ場を作ってあげる

著者紹介
小島 慶一（こじま　けいいち）

聖徳大学名誉教授（専門　一般音声学、フランス語学）
元青山学院大学非常勤講師
元上智大学非常勤講師

日常考えたこと
- 思索してますか（文芸詩集　平成９年７月　近代文芸社）（絶版）
- 船長《ふなおさ》日記　～ ゆるり・ふらり ～（写真詩集　平成25年２月　朝日出版社）

当時の若い人はこんな風だった
- 妖怪だー！！！（エッセイ　平成12年７月　文芸社）（絶版）

発音学習には便利と思う
- やさしいフランス語の発音（2015年３月30日　第７刷　株式会社　語研）
- 超低速メソッド　フランス語発音トレーニング（平成25年２月　国際語学社）（出版社が突然消えて、絶版）

言語音声に関する少し真面目な本（多少おもしろいかと思う）
- 音声ノート　――ことばと文化と人間と――（参考書　2016年３月31日　朝日出版社）

話し言葉に関するかなり真面目な本（フランス語教育用に書いた）
- 発話直前に想起される音声連鎖の構造
　――フランス語学習者を例として、心象音声の応用――（研究書　2017年１月10日　朝日出版社）
　La structure de la séquence phonétique remémorée lors de l'émission
　——esssai d'application des images phonétiques à l'apprentissage du français——
　（上記書の翻訳）

捩《もじ》り遊び日本語
—テキトウでアイマイな日本語クイズ—

二〇一九年五月二十日　初版第一刷発行

著　者　小島慶一
発行者　原　雅久
発行所　株式会社　朝日出版社
〒一〇一-〇〇六五　東京都千代田区西神田三-三-五
ＴＥＬ　〇三-三二六三-三三二一
ＦＡＸ　〇三-五二二六-九五九九
ＤＴＰ　株式会社フォレスト
印刷・製本　協友印刷株式会社

ISBN978-4-255-01113-4 C0095